ケース
スタディ 面接シナリオによる
メンタルヘルス対応の実務

産業医 **高尾 総司** 著
社会保険労務士 **森 悠太** 著
弁護士 **前園 健司** 著

労働新聞社

はじめに

　職場のメンタルヘルス対応は難しいといわれる。私たちは、その最大の理由を「医療的」に考える思考方法にあると考えている。医療的に考えると、医学的知識を持ち合わせていない人事総務は自らの裁量では問題対応が難しく、主治医の意見を聴くことになる。主治医は症状（いわゆる「疾病性」）の改善を通して、職場での問題（遅刻や業務遂行不足等のいわゆる「事例性」）の解消を期待する。しかし疾病性と事例性は独立した事象であることが多く、疾病性が改善されても、事例性が必ず解消されるわけではない。つまり、疾病性は主治医が医学的管理を行い、事例性は人事総務が労務的管理を行わなければ解決できない問題だったのである。

　拙著「健康管理は社員自身にやらせなさい」（保健文化社、2014）では、この点を**医療的健康管理**に対比する形で**業務的健康管理**として理論的に整理した。例えば、私傷病は遅刻等の問題を免責する事由にならない。就業規則には、「私傷病の場合は遅刻することができる」などとは定められていないのだ。それにも関わらず、このような問題があった場合に、体調不良を疑って「医師に意見を尋ねる＝判断を委ねる」選択を採ってしまうことが多い。結果的に「病気なら仕方がない」という、論理的には誤った対応になっていたことに気づくだろう。この状況に対して、業務的健康管理という理論的基盤と、それに準拠した手順と様式を整備したことで、人事担当者が自信をもって対応できるようになった。

　この方式は、岡山県内では 14 の自治体において大なり小なり採用されている。関東地区・関西地区でも、2019 年度に実施したパイロット事業により 9 自治体での採用が進んでいる。また民間企業においても一部導入の場合も含めると、少なくとも 100 社以上が取り組んでいる状況だと認識している。

　本方式の最大の利点は、復職後の予後がよいことにある。メンタルヘルス不調は休職復職の繰り返しが多いとされるが（2 年以内で 5 割程度[1]との一般的認知）、その再発が大幅に減少する。ある企業における導入後の実績では、およそ 10 分の 1 にまで減少した。再発率の低下により、休職者数も減少（およそ半減）する。また、副次的ながら、難渋事例の発生に対する抑止効果も大きい。いかなるメンタルヘルス対策を講じたところで、発生をゼロにする

1）独立行政法人労働政策研究・研修機構「メンタルヘルス、私傷病などの治療と職業生活の両立支援に関する調査」（2013 年 11 月）より。

ことはできないが、業務的健康管理の推進により、少なくとも事例性の解消は達成できる。

2019年度には、さらに理論と手順と様式を補完するツールとなりうる、**面接シナリオによる運用**が完成した。面接シナリオとは、会社側出席者の発言内容を、次の例のように、一言一句レベルで準備したものである。面接の場ではまさに読み上げるだけで、会社として伝えたいことを過不足なく説明できる。

例　強い異動希望に対する説明シナリオ

○○さんは当社の正社員として採用されています。当社には様々な部署や業務内容があり、異動によりどの部署に配属されるか分かりません。また配属された部署で求められる業務を求められる水準で行うことを条件に職務内容を限定しない労働契約を締結しています。そのため「異動をしないと病気が悪くなる」「元の職場では復帰できない」といったご意見は、正社員としての業務遂行が難しいと受け止めざるをえないので、現状の労働条件からは受け入れられません。

復帰基準はあくまでも「原職復帰」です。この復帰基準を満たすことができるよう、療養と復帰準備に努めていただきたいと思います。

先に言及した自治体を対象としたパイロット事業では、半年ほどの期間で、30を超える事例に対して支援を行った。経過に沿って1〜3つずつの面接シナリオを作成した。そしてシナリオに従って、私たちの直接の手助けはなしで、実際に人事担当者自身に対応してもらった。結果、多くの事例で問題解決に向けて膠着した事態を進めることができた。また一部の事例では、対応困難と思われた状態を劇的に解決することもできた。さらに対応を進めるうちに、面接シナリオ集という形での限定的な数のシナリオ・パーツに集約された。それにより、パイロット事業の後半においては、担当者によって9割方まで面接シナリオを構成・作成することが可能となった。

さて、ここまでがパイロット事業の成果であるが、本書ではここからさらにアップデートを行っている。面接シナリオにより、よくいえば産業医への過度な期待や負担を解消することができた[2]。しかし逆にいえば、悪質な企業の担当者が、産業医に有無をいわせず操作をするということにもつながる

2）125ページ参照のこと。

懸念に気づかされた。幸い、パイロット事業は自治体のみを対象としたためこうした心配は不要だったが、本書の発刊に際してクリアしなければならない課題として取り組んだ。

　結論からいえば、産業医の中立性という倫理的な基盤に、ある意味で立ち返ることでほぼ解決できたと考えている。詳細については該当する箇所[3]に譲るが、この課題に取り組んだことで面接シナリオのさらなるメリットとして、産業医機能の強化を挙げることができるようになった。

　本書の構成を簡単に説明したい。

　第一章では、私たちがよく相談を受ける事例を、代表的な6つのケースにまとめ対応方法を示した。事例の経過ごとに、大まかな対応方針と面接の目的、面接で会社として伝えたいメッセージ、さらには、応用編として面接前に社内で協議しておくべきポイントを整理したうえで、実際の使用を想定した面接シナリオを掲載している。具体的な事例に対する実践的な対応方法を知りたい方は、まずこの章の興味のある事例から読み進めていただきたい。これらのシナリオにおいても、同じ説明が繰り返して行われる箇所があることからも分かるとおり、業務的健康管理に取り組めば、一定程度標準的な対応が可能であることをご理解いただけると思う。一方で、業務的健康管理をよくご存知でない場合、対応方針がどのような理論的根拠に基づいているのか不明点が生じることもあるだろう。その場合は第三章をご確認いただきたい。

　第二章では、本書のテーマである面接シナリオについて、考え方を説明している。多くのメンタルヘルス不調者対応において行われてきたであろう「面談」と、本書で解説する「面接」の違いを筆頭に、面接シナリオのメリットについて説明している。面接シナリオに関して体系的に知りたい方は、この章から読むことをお勧めする。

　第三章では高尾メソッド総論として、業務的健康管理に基づく対応の理論部分と、最新の手順と主要様式の解説を行っている。手順と様式は、「健康管理は社員自身にやらせなさい」で紹介してから5年が経過し、その間の相談対応や運用を経て大幅にアップデートされている。今回初めて高尾メソッドに触れる読者の方はもちろん、すでにご理解いただいている読者の方も、この章を読んでいただき面接シナリオを理解し活用する一助としてほしい。

3）127ページおよび138ページ参照のこと。

目　次

コラム

ケース別　面接シナリオによる対応

第一章では、私たちが相談を受けることが多い６つのケースに対して、面接シナリオを用いた対応方法を紹介している。

○各ケースに共通しているのは、なんらかの形で**通常勤務への支障が生じている点**である。この点は従来の対応においては、明確に指摘することが無かったかもしれないが、業務的健康管理においては、対応の取っ掛かりとして、極めて重要なポイントである。

○通常勤務への支障が問題だということには気づきつつも、程よい指摘ができなかったという方も多いだろう。そのような方は、会社側からこれらの問題点をどのように指摘することができるか、面接シナリオを有効に活用していただきたい。

○**応用編**として産業医との事前協議と、それに基づく産業医の面接内での発言内容、さらには社内事前協議ポイントについてまとめている。余力のある担当者はぜひ取り組んでほしい。

○**面接シナリオの見方**：各段落の冒頭に名前がある人が、その段落の発言予定者である。また、シナリオ内の点線で囲んだ部分は、応用編である。産業医の関与が難しい場合は、飛ばしていただいてかまわない。なお、シナリオ内で復帰基準を伝える部分は重要なパーツなので、網掛けで示している。

case. 1
復帰後の配慮が長期間解除できないまま、あらたに身体疾患を理由に勤怠が乱れ始めた

●面接①

【これまでの経緯】

　Aさんは、技術職で採用されている30代男性従業員。メンタルヘルス不調により休職後、傷病手当金の支給が終了するタイミングで復職した。復職時には所定労働時間を短くする時短勤務の配慮を行った。時短勤務は、復職時の不安を解消するための1カ月程度の措置のつもりであったが、復帰後半年経っても解除できていない。いつから通常勤務ができるのかこれまで何度もAさんに確認してきたものの、「もうしばらく時短勤務が必要だと主治医にいわれた」とのことで、そのままになっていた。

　このような中、あらたに頭痛を理由に通院のためとして、当日連絡での遅刻・欠勤などの勤怠の乱れが頻繁に認められるようになった。現場では、出勤をあてにできないために業務を任せることが難しく、出勤しても手持ち無沙汰の状態になってしまっている。

【対応方針】

　メンタルかフィジカルかも含め、医師の意見の内容等に惑わされ
ず**「仕事に支障を来しているかどうか」で判断する（第一原則）**[4]。
本ケースの場合は、

　　①時短勤務の配慮が解除できないこと

　　②他の従業員と比較して勤怠が明らかに乱れていること

　　③現場で仕事を任せることができていないこと

をもって、通常勤務はできていないと判断できる。もし判断が難し
ければ、「疾病がない従業員が同様の状況ならば、どう判断するか」
という視点で考えると良い。

　実際の対応としては、「会社として、たとえ通院が理由であっても、
人員配置に支障が生じるような当日になっての遅刻や欠勤が度重な
る現状は認められない」ということを伝えることがスタートライン
になる。そのうえで、本人に提示すべき選択肢としては、

　　①就業規則に従って、遅刻や欠勤をせず、他の従業員と同様に
　　　通常勤務する

　　②療養に専念（病気欠勤または休職。想定としては２〜３カ月間）
　　　する

の二択である。この二択を提示すると、本人は①通常勤務を選択す
る場合がほとんどである。

　**通常勤務を選択する場合、まずこれまで確認されている問題点を
一つひとつ指摘する。**もっとも、問題点が改善されないまま勤務を
継続させてしまうと、会社としては「傷病が残存していることを予
見できたにも関わらず勤務させるなど配慮が不十分だった」ことに

4）「病名や病状などで判断せず、通常勤務に支障がある点で判断する」という原則。詳しくは
147 ページ参照のこと。

なりかねない。そのため第二原則[5]に基づき、療養が必要だと判断すべき状況である。そこで、**もし問題が改善しなければ、療養に専念することを前提に再度面接を実施する**ことを、この面接のタイミングで確認して約束しておく。もし実際にそのような状況になれば、速やかに再面接を実施する。

　一方、療養を選択する場合、その後は手順どおり[6]対応すればよい。

　面接の実施にあたり、**本人のみと話をしていても問題解決にならないことが想定されるので、面接には家族にも同席[7]してもらう**とよい。本人が家族の関与を避けようとする場合には、「次に勤怠が乱れたら家族を呼びます」といった、先付けの約束をすることで備えておく。もしそれも受け入れない場合には、シナリオにも示したように、「家族が関与するのは勤怠が乱れた場合です。この約束ができないということは、通常勤務するという約束を守る意志がないと判断せざるをえません。そうであれば療養を命じるほかありません」として、簡単に譲歩しないことが肝要である。

■面接の目的

　適切に勤務できていない具体的な点を指摘したうえで、通常勤務をするのか、療養に専念するのか選択させる。

■面接のメッセージ

・現状は、業務面、勤怠面、健康面のいずれからみても適切に業務遂行できているとは言い難く、会社としては許容できない。
・通常勤務をするか、療養に専念するか選ぶ。

5）「通常勤務に支障があるなら療養」という原則。148ページ参照のこと。
6）第三章第二節（155ページ）を参照のこと。
7）104ページコラムを参照のこと。

・通常勤務をするのであれば、次に問題があった場合には療養を前提として面接を実施することを約束してもらう。

○応用編

1．産業医と人事担当者の事前協議ポイント

・時短勤務について、臨床医学的な意義があるとしても就業規則に基づく解釈の面から、会社としてはそもそも安易に認めるべきではなかったことを確認しておく。

・背景に疾病があることにより、勤怠の乱れについて上司が指摘しづらい状況が発生している。これに対して、主治医の言葉の意味合いを踏まえたうえで、それでもなお就業規則上認められるものではないことを確認しておく。

2．社内事前協議ポイントの確認（人事担当役員説明）

安全配慮義務を「配慮」という文言から推察して、誤った理解をしている上司・人事担当者が多い。しかし、使用者が負う安全配慮義務とは、悪い結果が生じないよう適切な措置を講じる義務である[8]。このケースのように、時短勤務など業務を軽減する配慮をしたとしても、結果が悪ければ配慮が不十分だったと追及される恐れがある。**配慮をして労務提供を中途半端に免除する（軽減勤務＝不完全労務提供の受領）のではなく、労務提供の全免除措置（療養機会の付与）こそが、基本的な安全配慮義務の履行だ**ということを事前にしっかりと説明しておきたい。

8）106ページコラムを参照のこと。なお、いうまでもなく心情的な共感を示すことを否定するものではない。

【面接シナリオと実際の面接の様子】

参加者：**本人　人事　上司　産業医　保健師**

1．導入

人事課長　Ａさんは〇月〇日に病気休職から復職し、半年が経過しました。しかし最近は、安定継続的な業務遂行どころか、頭痛を理由とした遅刻や欠勤が発生しており、会社としては現状を問題だと考えています。そこで本日は、会社の考えを伝えるために面接を実施いたします。なお、面接時間は〇時〇分までを予定しています[9]。

　まずは、こちらから説明をします。質問は後ほど確認しますので、説明内容をしっかりと聞いてください[10]。

2．会社から伝えたいこと

人事係長　先ほど課長が確認したとおり、Ａさんは〇月〇日に復職し、復職時から時短勤務の措置を実施しています。当初、人事課の想定では復帰時の不安を解消するための措置として1カ月程度の期間を想定していましたが、半年経った今でも措置は解除できていません。この状況は、Ａさんとの労働契約に照らして考えると完全な労務提供ができているとはいえず、人事としては良いとはいえません。

　また最近では、頭痛を理由とした遅刻や欠勤が散見されていま

9）30分程度を想定。業務として行う面接なのだから、一般的な会議と同じく時間をあらかじめ区切ってしまうことに問題はない。

10）会社からの説明をさえぎって自分の意見を述べるようなことが想定される場合、このようにあらかじめ断っておく。

す。直近では、○月○日と○月○日にはそれぞれ１時間程度の遅刻が、そして○月○日および○月○日に欠勤が発生しています。

人事課長　このような状況について、今回は頭痛を理由とした勤怠の乱れではあるものの、期待水準での業務遂行ができていないことに加えて、休職の事由となった傷病が十分に回復しているかどうか、人事課としては一定程度懸念せざるをえず、場合によっては再度療養に専念したほうが良いのではと考えています。

　ではＡさんに確認しますが、今後勤怠の乱れなく通常勤務することはできますか。あるいは、体調不良のために療養が必要だと考えますか。なお、この判断において「通常勤務」ということの内容について、どのように考えているかは非常に重要です。これは、職位相当の業務について、就業規則を遵守して安定継続的に従事し、また上司から指示されたとおりに遂行するという意味ですが、いかがでしょうか。

産業医　私は精神科が専門ではないので、分からないところもありますが、主治医の先生が、「時短勤務が望ましい」とおっしゃっているなら、もうしばらく様子を見るということはできないのでしょうか。

人事課長　今回の時短勤務の対応については、復職時において先生からも「主治医の先生がおっしゃるのだから」というご意見をいただきましたので、特に制度上は規定されていないものの実施してしまいました。はっきり確認しなかった私も悪いのですが、せいぜい１カ月くらいのことならと思って許容したため、勤務時間は短縮していますが実は賃金は満額支給しています。このこともいくらか周囲の同僚の知るところとなり、従業員間の公平性の観

点からも、会社としては制度にない時短勤務は実施すべきでなかったと考えております。このような事情であることをご理解いただけますか。

産業医　確かに、給与も含めた待遇面のこととなると、私が口を挟むようなことではありませんね。分かりました。今後は、制度上は時短勤務はしない方向であるということですね。

　ところで、疾病があることが分かっているのに、がんばって出社しているＡさんに対して、遅刻せずに出社せよという指示は、安全配慮義務に違反しているということにはならないのでしょうか。

人事課長　先生、それは安全配慮義務に対する誤解ですね。もちろん、おっしゃるとおり、疾病があるために本来の労務提供ができないことを会社として認識しているのに、遅刻せずに出社せよと命じることには問題があります。しかしながら、ここで会社が伝えたいのは「疾病があっても出社せよ」ということではなく、「私傷病は通常どおりの勤務ができないことの免罪符になるわけではなく、疾病によって勤務に支障があるなら療養してください」ということです。

　そもそも遅刻するという事象については、先生方のおっしゃられる、いわゆる「事例性」[11]の問題といえます。この点は、就業規則に照らす限り、私傷病が背景にあったとしても、懲戒等の処分を免責する正当な事由にはならないのです。ですから、私が申し上げたいのは、出社するなら会社のルールは守ってもらわなくてはならないし、あるいは病気のためにルールを守れない不安の自覚があるのであれば、療養してもらうほかない、ということ

---

11) 症状や病名に対して医療的にアプローチするのではなく、「遅刻する」という客観的事実に着目するアプローチである。144 ページ参照のこと。

なのです。要するに、出社はするけど、遅刻は許容してほしいということは、まさに安全配慮義務の観点からも容認できないということです。

産業医　そうなのですね。少し思い違いをしていたようです。私としては、もし遅刻をしないことなども含め、ルールに沿った就業をＡさんに求めるのだとすると、病状が悪化しないとは保証しようがないので、再度療養に専念するのがいいのではと考えます。

人事課長　ではあらためてＡさんにお尋ねします。今後は勤怠の乱れなく遅刻等は解消して、適切に通常と変わらない勤務ができますか。それとも、療養に専念しますか。

　　※プランＡ、Ｂに分岐

プランＡ. 本人が通常勤務を選択する場合

本人　通常と変わりなく勤務できます。

人事係長　分かりました。しかしながら、これまでのＡさんの勤務状況から、会社としては体調不良状態ではないとの確信を持つまでには至りません。そのような中で、Ａさんの回答だけを根拠に「はいそうですか」と就業継続を簡単に認めてしまうことは、安全配慮義務の観点からも行えないことはご理解ください。
　そのため、主治医の先生の「通常勤務に支障がない」という旨の意見書を所定の様式[12]で取得して、提出してください。万が一主治医の先生が「通常勤務には支障がある」あるいは、「支障

---

12) 171ページで紹介している復職時の様式を若干改変した「就業時」用のものを用いる。

がないとはいえない」と判断された場合には、通常勤務を認める前提とは齟齬が生じるため、療養に専念していただきます。

　また、先ほど産業医の先生からも「病状が悪化しないとは保証しようがないので、再度療養に専念するのがいいのでは」というご意見がありました。会社としては、就業継続により体調が悪化する可能性についても、注意深く観察をしなければなりません。そこで、万が一病状が悪化した際に速やかに療養していただくために、就業継続に関する条件を設定します。今後、１回でも勤怠の乱れ（遅刻・早退、当日の休暇申請など）が認められた場合は、療養に専念することを前提として、再度面接を行います。なおその際は、ご家族に同席していただき、療養に専念する必要があるか一緒に検討させていただきます。念のためご家族にもこの内容をお伝えしておいてください。

本人　家族に心配をかけたくないので、家族には連絡しないでください。

人事課長　ちょっと待ってください。再面接は万が一勤怠の乱れがある場合、あるいは業務上の問題が改善しない場合に実施するとお伝えしました。家族への連絡をしないでほしいということは、勤怠が乱れる、あるいは業務上の問題を改善しないだろうことを、今の時点から想定しているものと捉えざるをえません。

　そのような状況は、人事としては当然良いとはいえず、そもそも就業継続についてより厳格に検討しなければなりません。繰り返しますが、１回でも勤怠の乱れ、あるいは業務遂行上の問題が認められた場合、ご家族同席のうえで療養に専念する必要があるかどうか、検討するものとします。そのため、念のためご家族にもこの内容をお伝えしておいてください。

プラン B. 本人が療養を選択する場合

本人　療養が必要だと考えます。

人事係長　分かりました。それでは、期間の明示は不要ですので、一定期間の療養が必要である旨の主治医の診断書を添付のうえで、速やかに療養の申請をしてください [13]。

　また、療養期間中は週1回の療養報告 [14] をしていただきます。詳しい説明はあらためて実施しますが、まずは今週分の報告から開始してください。月曜日から金曜日の状況を記入し、翌月曜日までに到達するように、土日に投函するという流れになります。負担に感じる場合や、主治医からこうした記述を伴う報告はまだ早いといった判断がある場合には、ご家族にご協力いただき、該当する箇所にチェックをして報告をしてください。（療養・復帰準備状況報告書と返信用封筒を4通ほど渡す）

（以降、質疑応答）

13）あくまで、療養のために労務提供義務を免除する申請なので、療養申請が主であり、診断書はその根拠を示す添付書類という位置づけである点に注意。
14）163ページを参照のこと。

●面接②

【面接①後の経緯】

　面接で、本人は通常勤務することを選択した。その後、1〜2週間は問題なく勤務していたが、しばらくして再び勤怠の乱れが発生するようになった。

　加えて、本件に対応する経緯のなかで、当該支店において労務管理が非常に杜撰になっている実態が判明した。Aさん以外にも複数の従業員が真偽は定かでないが受診のため病院に立ち寄ったという理由で始業時間に出社しておらず、遅刻してもタイムカードは手書きで定時出社とし、上司印を押して訂正するという運用が常態化していた。そこで、全社に対し勤怠管理を適切に行うよう通知がなされ、当該支店に対しては個別の指導が行われた。タイムカードは機械で打刻した時刻のみを認め、手書きでの修正は今後一切認めないこととしたところ、他の従業員の状況は顕著に改善し、Aさんの勤怠の乱れが今まで以上に浮き彫りになった。

　そのため、前回の面接で約束したとおり、家族同席のもとで面接を実施することになった。

【対応方針】

　本件のように、当該従業員以外にも指摘すべき同一または類似の問題行動のある従業員がいるケースは多い。これに対しては、全社的な注意喚起の通知を書面でも発し、当該従業員以外にも公明正大に対応していることをはっきりと示すと良い。

　加えて、上司の側にも、勤怠の資料を安易に修正するなど労務管理上の問題がある場合もよくみかける。こうした上司に対しては、個別に注意指導してもよいが、面接に同席させてその場で勤怠の乱

れに関する「隠蔽行為」は今後行わないということを自ら発言させると、より効果的である（自分自身の発言と食い違いがある言動を人間は取りにくい）。

　なお、体調不良を理由とした当日連絡での欠勤を有給休暇に振り替える事後救済 15) は、実務上よくみられる。この点、当該従業員と他の従業員との対応上の違いについては、どう考えればよいか。

　これは、以下のとおり予測可能性に基づいて整理することで、一般的な対応としては許容できても、当該従業員の個別の現状では認められないと合理的に説明できる。

　①一般の従業員の場合：１年に複数回程度しか急に休むことがない従業員の場合、**体調不良を理由とした当日連絡での欠勤は、例外**であり、本人にも周囲にも事前に予測することが難しい。少なくとも前勤務日においては、翌日出社することは当然のことだと本人および周囲も想定しているものである。

　②Ａさんのように繰り返し休んでいる実態がある従業員の場合：今回のように**度重なる遅刻・欠勤は、予測できない事象とはいえないため**（たいていは来るのか来ないのか周囲はやきもきしており、チームの業務計画に含められていないことも多い）、当日連絡の欠勤をやむを得ない事情として簡単に許容するかどうかや、有給休暇により事後救済するかどうかは、検討の余地がある。少なくとも、**会社の立場からはそれを例外として積極的に許容することはできない。**

　このケースについては、次は約束していたとおり、家族同席の面接を実施する。前回の面接で指摘した問題が再度生じていることを

---

15) 有給休暇は本来事前に申請すべきもの。当日連絡では、①時季変更権の行使の判断が不可能ないし困難、②暦日の休暇取得にならないことなどから、適切な取得とは言い難い。そのため、勤務日当日の体調不良に対する有給休暇取得は、労務提供が困難であるという欠勤状態を事後的に有給休暇に振り替えていると整理すべきである。

伝え、問題の背景に私傷病があるのであれば、療養（病気欠勤・休職による労務提供の全免除）の申請を勧める。問題の背景には私傷病が関係していないというのであれば、正当な理由のない不完全労務提供であり、懲戒処分事由に該当することを伝える。最終的には本人が納得しなくとも、家族主導で療養を選択してもらう。

■面接の目的

　家族同席の面接により、療養に専念する選択をしてもらう。

■面接のメッセージ

・前回の面接で指摘した問題点が改善されていないことの確認。
・会社としては病状の悪化が背景にあることを懸念せざるをえず、そうであれば療養に専念してほしい。
・もし病状の悪化が背景にないのであれば、懲戒処分事由として検討せざるをえない。

【面接シナリオと実際の面接の様子】

　参加者：**本人　ご家族（母親）　人事　上司　保健師**[16]

1．導入

人事課長　人事課長の○○です。本日はお忙しいところ、ご家族の方にも同席いただきありがとうございます。今回はご家族にもＡさんの現状を共有したほうが良いと考え、同席いただきました。

16）勤怠が乱れたタイミングで速やかに実施する面接である。産業医の来社日を待つべきではないため、産業医は出席していない。

よろしくお願いいたします。

２．現状の確認

人事係長　人事係長の〇〇です。すでにＡさんからお聞きになっていると思いますが、Ａさんの現状について説明させていただきます。Ａさんは〇月〇日に時短勤務の配慮のもと復職しました。その後、頭痛を理由とした遅刻や欠勤が認められ、直近では、〇月〇日と〇月〇日にはそれぞれ１時間程度の遅刻が、〇月〇日および〇月〇日に欠勤が発生しています。また半年経った時点でも時短勤務の配慮は解除できていませんでした。

　これらの事情に対して、人事課から現状を良いとはいえないということで、〇月〇日に面接を実施し改善を求めました。その場で、Ａさんご本人が「改善して通常勤務できる」という意志を表明したことから就業継続を許容していたところですが、〇月〇日に再度遅刻が発生することとなりました。前回の面接で指摘していた事項が改善しておらず、会社としてはいよいよ病状の再増悪を否定できない状況にあるといえます。

３．会社として伝えたいこと

人事課長　以下の点について、Ａさんと会社との認識の相違が解消されていないようですので、あらためて確認いたします。そもそも、たとえ病気を理由としたものであっても、遅刻や欠勤は許されるものではありません。特に誤解がみられがちですが、後で有給休暇を申請すればそれでよいわけではありません。一般的な運用のなかで有給休暇の事後振替が行われているのは、事前に予測不能な体調不良、たとえば前日まではまったく問題なく兆候もなかったが、当日朝になって、腹痛がひどくとても勤務に従事できないという遅刻や欠勤の場合であり、事後振替は「例外的な救済

措置」です。そのため、Ａさんのように体調不良が長く続いており、一定程度予測可能な形で生じる「遅刻」や「欠勤」は、そもそも「例外」と言い難く、有給休暇の事後申請を認めるかどうかも検討しなくてはならない事象です。

　また、係長が言及したとおり、勤怠が乱れている現状では休職事由となった傷病が十分に回復しているかどうか一定程度懸念せざるをえず、病状の悪化が背景にあるのであれば、場合によっては再度療養に専念したほうが良いのではと考えざるをえません。

　一方で、病状の悪化が背景にないということであれば、正当な理由のない遅刻や欠勤が発生しているということであり、これは懲戒処分事由に該当しうるため、処分するかどうかについても検討せざるをえません。

　このような状況ですがご家族としてはいかがでしょうか。療養に専念したほうが良いか、あるいはこのまま通常勤務をさせたほうが良いか、どのようにお考えになりますか。

　<u>※プランＡ、Ｂに分岐</u>

プランＡ．家族が療養に専念することを選択する場合

家族　就業継続できるとは思えないので、療養させます。

人事係長　分かりました。それでは、一定期間の療養が必要という主治医の診断書を添付のうえで、所定の様式を用いて療養の申請をしてください。

　また、療養期間中は週１回の療養報告をしていただきます。詳しい説明はあらためて実施しますが、まずは今週分の報告から開始してください。月曜日から金曜日の状況を記入し、翌月曜日までに到達するように、土曜日に投函するという流れになります。

　負担に感じる場合や、こうした記述を伴う報告はまだ早いといった主治医判断がある場合には、ご家族にご協力いただき該当する箇所にチェックをして報告をしてください。（療養・復帰準備状況報告書と返信用封筒を4通ほど渡す）

　後日、あらためて療養に関する説明をさせていただきますので、お手数ですが再度来社いただきますようよろしくお願いいたします。なお、ご家族の方に来ていただけるのであれば必ずしもご本人が同席する必要はありませんので、ご判断はお任せいたします。

プランB.　家族も就業継続を希望する場合

家族　もう一回だけチャンスをいただけませんか。

人事課長　ご希望があることは承知しました。しかしながら、これまでのAさんの勤務状況から、会社としては体調不良状態であることを依然として懸念せざるをえず、そのような中でいつまでも就業を認めることは、安全配慮義務の観点から認められません。

　したがって、次に勤怠の乱れ（遅刻・早退、当日休など）が認められた場合は、療養に専念することを前提として、再度ご家族同席の面接を速やかに開催いたしますので、ご協力をお願いいたします。

（以降、質疑応答）

【その後】

　面接では、家族が就業継続を希望したため、もう一度就業継続を許容することとなった。しかし、翌週遅刻があったため、再面接を直ちに実施し、前回の面接と同様の内容を伝えたところ、家族から「療養に専念させます」という即答があり、療養導入に至った。

　その後、療養の手順に従って療養を開始したところである。

column.1　軽減勤務や試験出社

　私たちは、**軽減勤務や試験出社（お試し出社）は実施しないことを強くお勧めしている。**

　そもそも、軽減勤務により復帰が円滑になるとの科学的、医学的エビデンスはない。あえて言い切ってしまえば、関係者が良心の呵責にかられ「働けなくてもいいから、とりあえず来て良い」と暗にほのめかしているに過ぎない。また実際の経験からも、軽減勤務制度があることで結果的に不十分な就業状態が長引いたことも少なくないし、医学的に本人の疾病予後にもよいとはいえない。さらに、労務管理上も周囲の同僚の負担に対して具体的対応が容易でないという点で勧められない。何より、実際にうまくいった「一般化可能な参考にできる」事例をほとんど聞かない（うまくいったと思われている事例は、そもそもこれらの制度を適用しなくても、問題なく復職できた事例が大半ではないだろうか）。

　現状これらの制度がある場合には、制度の適用要件として、たいていは本人の希望に基づく制度にしていると思われる。そのため、「専門家（多数対応した経験者）としてお勧めしない」と本人にはっきり伝えている。

　もしどうしても実施するなら、場当たり的に行うのではなく、緻密な制度設計を行う。まず、**軽減勤務や試験出社を認める条件と復帰可能の条件を別々にしてはいけない。軽減勤務や試験出社を希望する場合は、必ず復帰基準[17]を満たしていることを確認したうえで、実施することが重要である。**

　軽減勤務は、本来は職位相当10割働けるはずだが念のためにやるという前提で、期間は1カ月未満（2週間程度）とし、

17）150ページ参照のこと。

勤務時間も４～６時間を下回らないこと。賃金はそのままの方がよい。賃金控除をすると「満額でないから、これぐらいでいいか」と中途半端な意識になり、軽減期間が長期化しやすい。なおかつ、もし主治医や本人から軽減勤務の延長要請や勤怠の乱れが１回でもあれば、再療養とする[18]こと、つまり１回限りの措置であることを本人および家族にあらかじめ伝えておく。

　試験出社は、会社に出社できるかどうかを見極める程度の効果しかなく、労災・通災リスクもあるので、せいぜい３日で十分である。その後は正式復職（＝フルタイム勤務）とする。また業務評価[19]は基本的に４段階評価とし、最上位にチェックできることを求める（１．職務相当９割以上　２．職務相当７割以上　３．職務相当５割以上　４．職務相当５割未満という選択肢設定が重要）。かつ、忙しい現場では上司の指導が行き過ぎないよう、人事がしっかりと関与して対応する必要がある。

　このような丁寧な対応ができないならば、軽減勤務や試験出社は安易にやらない方が良いだろう。

18）復帰判定面接にて設定するストップ要件（162ページ参照のこと）は勤怠の乱れを３回まで認めているが、ここでは１回としている。なぜなら、通常勤務よりも軽減した勤務を行っていてもなお勤怠が乱れるのだから、１回であっても十分に原疾患の再増悪を懸念すべき事象とみなすべきであるからだ。

19）一般的には無給で実施されることの多い試験出社であるが、「治療の支援的」な意味合いでの、いわゆるリハビリ的な「お試し」であれば賃金請求権は認められにくいが、「試験」出社の文字どおり、正式復職の可否判断の材料とすべく、業務評価を行う水準の内容を実施する場合、賃金を支払わなければならないのか、支払うとすればいくら払うべきなのかという、困難な問題を生じさせることもある。

column.2　２ステップ受診とは

　通常勤務に支障があることから、第二原則に従って療養させようとしても、本人は就業継続に固執することが多い。これに対して、家族に状況を説明し療養するよう説得してもらうことも一案であるが、家族が「本人の希望を尊重してほしい」として、すぐには療養導入できないことがある。

　そのため療養導入の際には、「２ステップ受診」というスキームを用いることをお勧めしたい。まず１ステップ目として、就業継続を希望する本人に対して**「会社が行いうる配慮（第三原則[20]に基づく、限定的な配慮）のもとで、求められる水準の業務を命じた際に、健康上の問題が増悪しないか」という就業継続に関する主治医意見書を取得するよう求める**。本人が就業継続を強く希望し、主治医がそれをぎりぎりでも支持できる状況であれば、「就業継続可能」という意見が出るだろう。

　続いて職場においては通常勤務させる。本人が通常勤務可能であることを主張し、主治医もそれを担保しているのだから、現場は少し大変かもしれないが、特別扱いはせず他の従業員と同じように対応してもらう。具体的には、**業務面での問題や勤怠の問題に対して適切に指摘と指導を行う**。

　これを続け**問題が悪化する場合には、再度家族同席の面接を実施し、療養を強く勧める**。本人は相変わらず就業継続に固執するかもしれないが、この段階では本人以外は療養が望ましいという共通認識を持つ状態にまで至ることが重要である。その後家族主導で、２ステップ目の受診として、病気欠勤・病気休職の申請に際して添付することが必要となる「一定期間の療養が必要」という診断書を発行してもらうための受診が行われる。

20）149 ページ参照。

case. 2
「復帰可能。ただし異動が望ましい」という診断書が出た

●面接①

【これまでの経緯】

　Bさんは新卒入社2年目の総合職、従業員。新入社員は、入社後3年間は1年ごとに部署異動を行うことが通例となっている中、Bさんも事務部門から製造部門へ異動となった。しかし異動後2週間で「2カ月間の療養が必要」という診断書を提出して療養を開始した。

　当初は、3年間の複数部署経験プランを完了してもらうべく、元の部署へ戻す方針だった。しかしBさんから、「4月の異動により配属された部署の職務内容が合わず、本人のストレスが増加したことに起因した不調である。復職に際して異動をすることで、今すぐにでも復帰可能」という診断書が提出されたため、慌てて異動を検討しているところである。

　なお、家族も職場配属のせいで不調になったと考えているようで、面接への同席を希望している。

【対応方針】

　復帰時に安易に異動させてはならない。本人が希望した場合に、主治医または産業医意見をもとに復帰時の異動を実施する会社はいまだに非常に多い。そのような従業員の受け入れを原部署側が避ける場合もある。しかし復帰時に異動をすることは、復帰そのものの

負荷に加えて新しい環境に適応する必要が生じる。そのため、復帰する従業員にとって、原職復帰より負荷が高いと考えるべきである[21]。ゆえに、異動して復帰後に再療養等に至った場合、異動を命じた会社側にも責任が生じうると想定すべきであり、復帰時の異動は避けた方が良い[22]。**もし異動するなら、産業医学的配慮期間を経過した後、つまり医学的には通常の従業員と同等に扱っても差し支えない時期以降にする。**

　また、総合職としての職務無限定性[23] を考えると、本来は求められる部署で求められる業務をしなければならないし、できなければならない。したがって異動が望ましいという意見は、一部であっても配属可能な部署に関する限定が付くということであり、無限定性と相いれない。

　現在の主治医の意見は、「条件付きの復帰可能」と考えられるが、裏を返せば、**総合職としての労働契約どおりの労務提供を求めると、健康状態が悪化する可能性を否定しえないということ**である。この状況は、**通常業務できる状態とはいえないので、療養延長が結論となる（第二原則）。**具体的には「当社では、原職への復帰を前提として復帰可能か判断します。そのため、本診断書に記載された内容は、当社の復帰条件に照らすと、現時点では復帰できないと解釈するほかありません」と本人に説明のうえ、療養を継続させる。その

---

21)「心理的負荷による精神障害の認定基準について」（厚生労働省）の「別表1　業務による心理的負荷評価表」においても、「配置転換があった」ことが記載されている。
22)「改訂　心の健康問題により休業した労働者の職場復帰支援の手引」（厚生労働省、7ページ）は、「異動等を誘引として発症したケース等においては、配置転換や異動等をした方が良い場合もあるので、留意すべき」としている。しかし、「良い場合」に該当するかどうかを「医学的」に判断しなければならないのであれば、なお治療途上であるといえる。配置は本来、会社の裁量であり労働条件の一部でもある。労働条件そのものの決定は、会社と労働者の二者間で決めることであり、医師意見に拘束されるものではない。したがって、「業務的健康管理」の立場から、本書ではあくまで一貫して原職復帰が原則であるとしている。
23)「勤務地・職務内容・労働時間」のいずれも限定されないこと。46ページコラムを参照のこと。

後は、療養・復帰準備状況報告書や復帰準備完了確認シートなど、所定の様式を用いて手順どおり進めることで、療養または復帰準備の軌道修正を行う。合わせて主治医に対しても、復帰基準を書面で通知したい。

とにかく、原職復帰の原則を一貫して示すことが重要である。

■面接の目的

原職復帰の原則を本人に説明して、手順どおりの療養を行わせる。

■面接のメッセージ

・復帰基準に関する説明。
・異動希望への対応（原職復帰の原則の説明）。
・今後の手続きに関する説明。

○応用編

1．産業医と人事担当者の事前協議ポイント

・職務適性や人間関係のストレス等の軽減を目的とした復帰時の異動については、臨床医学的には意義のある対応だとしても、「治療上必要」という意味なのであれば、産業医学的には復帰時期尚早であると考えるべきことを確認する。
・職務無限定性の考え方からは、「当該業務に従事させると悪化する可能性が否定できない（会社としては当該業務を命じることはできない）」ということは、復帰基準[24]のうち、業務基準を満たさないため、会社としては復帰可能と判断できないことを確認しておく。

24）150 ページ参照のこと。

２．社内事前協議ポイントの確認（人事担当役員説明）

・人事担当役員への直訴による特例的な異動を認めると、職務無限定性との兼ね合いから、本ケースにおいて、以降異動が繰り返される発端となったり、前例を作ることで後の同種事例の対応に望ましくない影響を与えてしまったりすることをしっかり説明しておきたい。

・労災と民事損害賠償を十分に区別しないままの議論を根拠に、人事担当役員から会社側の譲歩を勧奨するような意見が出されることも少なくない。両者の違いを事前に明確に説明しておく。

【面接シナリオと実際の面接の様子】

参加者：**本人　ご家族（父親・母親）　人事　産業医**

１．導入

人事課長　人事課長の〇〇です。本日はお忙しいところ、ご家族の方にも同席いただきありがとうございます。

　　当社では、休職をしている従業員に対し、体調が回復するまで十分な療養の機会を設け、病気の再発の可能性が最小化された状態で復帰できるよう新しい取り組みを進めています[25]。具体的には、従前は曖昧であった復帰基準や復帰手順を復職プログラムとして体系化しています。

　　ご家族にもプログラムの趣旨をご理解いただき、療養や復帰準備のご支援をいただくことが円滑な復職のために重要となることから、本日は同席していただきました。

---

25) 新しい復帰プログラムを導入途中でも、このように説明すれば違和感なく対応できる。

2．現状の確認

人事係長　それではまず現状の確認です。Bさんは○月○日から、2カ月間療養が必要である旨の診断書を提出され、療養を開始しました。その後は、こちらからはなかなか連絡が付かない状況が続いていましたが、先日「4月に行われた適性のよくない部署への異動に伴うストレス増加に起因した不調であり、復職に際して他部署に異動をすることで今すぐにでも復帰可能」という診断書が本人から提出され、職場復帰を希望されている状況です。

3．会社から伝えたいこと

人事課長　主治医の先生から異動が望ましいという旨の診断書が提出されているとのことですが、以下の点について、認識の相違があるようですので、あらためて確認いたします。

　　Bさんは当社の総合職として採用されています。今年の異動も思い出していただければ分かるとおり、当社には様々な部署や業務内容があり、異動によりどの部署に配属されるか分かりませんが、異動は会社の業務都合により行われるものです。そして総合職としては、配属された部署で求められる業務を求められる水準で行うことが必要です。

　　これに対して「異動が望ましい」といったご意見は、「元の部署に復帰させると、病状が悪くなることが懸念される」ことを考えないわけにはいかず、これはあらゆる部署への異動の可能性がある総合職としての業務遂行が難しいと受け止めざるをえません。そのため、現時点ではしかるべき労務提供が可能とは認められないため、復帰可能とは判断できません。

　　係長から説明するとおり、当社では原職復帰を原則としています。元の部署へ復帰しても問題ないという状態まで、就業規則に定められた範囲で療養と復帰準備を行っていただきたいと考えます。

※復帰基準を伝えるパーツ

人事係長　当社の復職プログラムについて補足説明いたします。プログラムでは復帰基準を、業務基準、労務基準、健康基準の三つの項目から設定しています。

　まず、業務基準として、元の職場で以前と同じ仕事を職位相当の業務効率、質、量において遂行できるまで回復しているかを判断します。2カ月程度は時間外勤務についての配慮は行いますが、特定の業務の免除や短時間勤務など、他の従業員とは異なる業務軽減対応は行いません。また、復帰時は元の職場への復帰を原則とします。

　次に労務基準として、就業規則どおりに働けるまでに回復しているどうかを判断します。本疾患以外の特別な事情は別ですが、所定時間どおりに出勤し、決められた仕事ができるかどうか、遅刻や早退、当日の急な休暇の申請などがなくしっかりと勤務できるかどうか、という基準で判断します。

　最後に健康基準です。仕事を続けても健康な状態を安定継続的に保っていられるかどうかを判断します。健康上の問題による業務への支障、および業務による健康上の問題が発生するリスクがない、ないしは最小化されていることを求めます。

　これら三つの基準を満たしている状態で、6カ月以上安定継続的な勤務が見込まれることが復帰基準です。

　今説明したとおり、元の職場・元の職位・元の職務である「原職復帰」が原則となります。この基準を満たすことができるよう、療養と復帰準備に努めていただきたいと思います。

4. 質疑応答

母親　Bは4月に今の部署に異動したと思うのですが、どうも新しい仕事に慣れなかったみたいで…。その前の部署ではちゃんと働

けていたのですから、復帰する時に前の部署に戻してもらうような配慮をしていただけないのでしょうか。

人事係長　先ほど説明したとおり、当社の復帰基準においては原職復帰が原則になります。それに向けてまずは療養に専念してください。

産業医　確認したいのですが、復帰時の異動に関する主治医意見を採用できない、会社としての理由は私も理解しているつもりです。ですが、異動後ごく短期間のうちに病状が悪化したことを考えると、この場合、原職といってもそれは前職場を指すということを主治医の先生もおっしゃりたいのではないかと考えます。実際にそういった対応は可能なのでしょうか。

人事課長　先生がおっしゃりたいことはよく分かります。しかし、Bさんの状況でいえば、いったん異動を発令した以上、所属はあくまで今の部署になります。

　各部署も定員管理がなされていますので、こうした例外を認めると、玉突き人事で誰かを会社の人員計画で想定していない異動の対象とせざるをえないことになります。それは会社にとっても、玉突きの対象となる従業員にとっても大きな問題であり、業務上必要な会社裁量として適正な異動の範囲をやや逸脱しているといわざるをえません。

　もっとも、すでに説明した職務無限定性から考えると、従事させると健康状態が悪化する部署や業務があるということは、要するに復帰基準における業務基準を満たさないと、理解するほかありません。また配置場所については会社の裁量であり、会社とBさんの二者間の労働契約に基づくものです。その労働条件部分に立ち入られると、人事課長としては困りますと回答せざるをえません。

母親　学生時代は本当に明るい子だったのに、働くようになって様子を少し心配していたところでした。2年目になってすぐ、こんなに状態が悪くなるなんて…仕事が原因なんだから…会社のせいなんだから…、もっとこの子のことも考えてくれていいんじゃないでしょうか。

産業医　お母様もおっしゃるように、会社としては、それでも配慮する余地は無いのでしょうか。

人事課長　少し本題から逸れる部分がありますので、簡単に回答しますが、業務が原因であるかどうかと会社に落ち度があるかどうかについては、別々に考える必要があります。

人事課長　確かに業務が一つの要因となっている可能性について否定しませんが、あくまでも総合職として求められる範囲の異動であり、また異動後の業務内容も同期の方々と特に変わりありません。つまり「通常の業務に付随する範囲の要因」です。したがって、「会社のせい」といわれて、「分かりました。部署を戻します」と簡単に承ってしまうわけにもいかない私の立場もご理解いただければ幸いです。

父親　（納得のいかない母親を制止して）

　　産業医の先生も、ここまでおっしゃってくれたのにダメなんだから、

　　これは会社組織として、できないということですよね。分かりました。

人事課長　ご理解いただき、ありがとうございます。

5．今後の手続きについて

人事係長　今後は復職プログラムに従って、療養および復帰準備を進めていただき、復帰可否について判断していきたいと思います。

　　なお、詳細は後日の面接で説明しますが、まずは、療養期間中は週1回の療養報告を実施していただきます。月曜日から金曜日の状況を記入し、翌月曜日までに到達するように、土日に投函するという流れです。報告について、負担に感じる場合や主治医からまだ早いといった判断がある場合には、ご家族にご協力いただくなどして該当する箇所にチェックをして報告をしてください。（療養・復帰準備状況報告書と返信用封筒を4通ほど渡す）

　　4回連続して期日を守り、かつ内容を伴った提出ができましたら、次の段階の説明をいたします。

（以降、質疑応答）

●面接②

【面接後の経緯】

　面接後、療養・復帰準備状況報告書の提出が始まった。復職に向けた意欲が減退したのか、当初は家族代理の報告や記載免除の報告であった。もっともその後、徐々にBさん自身の手による、内容を伴った定期的な報告ができるようになり、復帰準備期への移行を判断した。

　復帰準備を1カ月程度実施したところで、Bさんからあらためて

復帰の希望があり、復帰準備完了確認シート[26]の提出があった。最上位に○がつかない一部項目について、面接にてフィードバックする予定である。なお現在では、原職への復帰について特に異論はないようである。

【対応方針】

　今回のケースの場合、原職復帰について異論はないようであっても、原職復帰の原則を理解してくれただろうなどと安易に期待するのではなく、曖昧にせず事務的でいいので必ず再確認したい。

　復帰準備完了確認シートについては、問題点を指摘しえないレベルになるまで、次の復帰検討期へ進んではいけない。今のように「本人が不調である」という認識を会社が持ったまま（それでもよいのだと本人に誤解させた状態で）復帰を認めることは、仮に復帰後に本人の健康状態が悪化した際、「会社の配慮が不十分であったため、悪化した」と考える余地を残すことになりかねない。**会社が不完全な労務提供を分かった上で受領することは、安全配慮義務不履行の可能性を残すことになる。**

■面接の目的

　復帰準備が完了していない項目について、フィードバックを行う。

■面接のメッセージ

・復帰基準の再確認（特に原職復帰の原則）。
・未達の復帰準備項目があり、復帰可能とは判断できないこと。
・復帰準備において残された課題について、認識してもらう。

26）166 ページ参照のこと。

【面接シナリオと実際の面接の様子】

参加者：**本人　ご家族　人事**

1．導入

人事課長　人事課長の○○です。本日はお忙しいところ、ご家族の方にも同席いただきありがとうございます。

　　先日、Ｂさんから復帰準備完了確認シートの提出とともに、次の段階である復帰検討期への移行に関する希望がありました。今回の面接では復帰準備の状況について確認したいと思います。

2．現状の確認

人事係長　それではまず、現状の確認です。Ｂさんは○月○日から療養を開始しました。○月○日には復帰準備期に移行したと判断し、それ以降は復帰準備を継続して進めています。

　　最近の復帰準備状況報告書では、順調に復帰準備を進めている状況について把握できました。一方で、この度提出された復帰準備完了確認シートについては、結論から申し上げると、まだ復帰準備が完了したとまではいえない内容でした。その点に関して後ほど確認したいと思います。

3．会社から伝えたいこと

人事係長　まずは、復職プログラムでの復帰基準について、重要ですので、再度説明します。

※復帰基準を伝えるパーツ

　この復職プログラムでは復帰基準を、業務基準、労務基準、健康基準の三つの項目から設定します。

　まず、業務基準として、元の職場で以前と同じ仕事を職位相当の業務効率、質、量を遂行できるまで回復しているか判断します。２カ月程度は時間外勤務についての配慮は行いますが、特定の業務免除や短時間勤務など、他の従業員とは異なる業務軽減は行いません。また、復帰時は元の職場への復帰を原則とします。

　次に労務基準として、就業規則どおりに働けるまでに回復しているどうか判断します。本疾患以外の特別な事情は別ですが、所定時間どおり出勤し決められた仕事ができるかどうか、遅刻や早退、当日の急な休暇の申請などがなくしっかりと勤務できるかどうか、という基準で判断します。

　最後に健康基準です。仕事を続けても健康な状態を安定継続的に保っていられるかどうか判断します。健康上の問題による業務への支障、および業務による健康上の問題が発生するリスクがない、ないしは最小化されていることを求めます。

　これら三つの基準を満たしている状態で、６カ月以上安定継続的な勤務が見込まれることが復帰基準です。

　続いて、〇月〇日付で提出された復帰準備完了確認シートをもとに、復帰準備の状況について確認したいと思います。大半の項目において、最上位に〇がついているものの、一部項目で最上位に〇がついていません。それらの項目について一つずつ確認します。

　まず、Ⅱ−(1)心身の症状による日常生活への支障ですが、最上位に〇がつかないのはどのような理由からでしょうか？最上位に〇がつけられるようにするためには何が必要と考えていますか？

**体調がまだ万全ではない日があるというような回答に対する
シナリオ例**

人事係長　会社としては、復帰準備期において体調に波があること
は特に問題はないと考えます。しかし一方で、復帰後において体
調が優れないために、業務に支障がある状況は認めてあげられま
せん。そのため、あくまでも復帰する前の段階において、できる
だけ就業時を想定した負荷をかけた状態で体調を理由とした支障
が生じないことを目標に、復帰準備を継続していただきたいと思
います。

　　　次にⅢ−(2)ですが、情報収集や作業能力向上の取り組みに関し
て、報告書には具体的な記載がないため、こちらでは分かりかね
ます。具体的にはどのようなことをしていますか？最上位の選択
肢に〇がつかない理由は何でしょうか？最上位に〇がつくために
は何が必要と考えていますか？

**具体的な準備についてある程度は説明できたが、報告書には
記載されていない内容が主体の回答に対するシナリオ例**

人事係長　そのような内容であれば、最上位に〇ができなくもない
といえるかもしれません。一方で、復帰準備が完了したかどうか
は、提出書類だけでなく面接内容からも判断しますが、書類に記
述されていなかった内容を、面接内容をもとに大幅に都合よく解
釈してあげるわけにもいきません。業務を遂行する場合でも、重
要な事項を報告書に記載せず、尋ねられてから口頭で補足すると
いう方法が望ましくないことは理解できますよね。そのようなこ
とがないよう、今後は具体的な準備状況は都度、報告書へ記載す
るようにしてください。

**具体的な業務への準備が不足していると思われる回答に対する
シナリオ例**

人事係長　先ほど確認したとおり、復帰基準は、職位相当10割の
業務遂行が可能であることとしております。また、全体として復
帰準備の量的側面においても、物足りない印象を払拭しえません。
復帰時には短時間勤務等の軽減勤務は行いませんので、しっかり
と準備をしてください。したがって、現在の復帰準備状況では、
10割の業務遂行が可能とは判断できませんので、より具体的な
業務への準備を意識して復帰準備を継続してください。

　　続いて、Ⅲ－(10)業務遂行力ですが、最上位に○がつかない原因、
理由は何ですか？最上位に○がつくためには何が必要と考えます
か？

やってみないと分からないというような回答に対するシナリオ例

人事係長　確かに、実際に業務に従事してみないと分からないこと
もあるかもしれません。しかし会社としては、本人自らが10割
の業務遂行に自信がないという状況では、復帰基準に達したとは
認められません。まずは自分自身がしっかりと自信を持てる状況
になるまで、復帰準備を続けてください。

人事課長　いまの回答を聞いていると、いくつか課題は明確な点と、
一方で課題の不明確な点が混在しているようですね。まず、前者
については課題の解消に取り組み、最上位に○がつくようにしま
しょう。そして、後者については、本日の面接をしっかりと振り
返り、自分なりに課題を明確にし、解消に向けて取り組んでくだ
さい。また、その内容を療養・復帰準備状況報告書において具体

的に報告するようにしてください。

4．質疑応答

人事課長　ところで、お母様にも確認いたしますが、療養当初は復帰時の異動を希望されていました。現在は、原職復帰ということで話を進めておりますが、特に理解に相違はないでしょうか。

本人　これは私から回答させていただきます。（母親もうなずきながら）原職への復帰については、前回の面接以降、父も含めて家族でもよく話し合い、総合職の正社員なのだから、会社から求められる部署で求められる業務をする必要があることを十分に理解しましたので心配ありません。少し期待される発言を意識しすぎと言われるかもしれませんが、やはりせっかく総合職として入社したことを考えると、いろいろな業務にトライしてみることは、特に最初の数年間は有用だと思うようになりました。少し落ち着いて療養させていただけたおかげかもしれません。

5．今後の手続きについて

人事係長　それではしばらくの間は、復帰準備を継続してください。その後、復帰準備が完了したとご自身で判断できたタイミングで、再度復帰準備完了確認シートを提出してください。今回と同様に、面接にて復帰準備の状況について確認します。

（以降、質疑応答）

【その後の経緯】

　面接では、復帰準備が若干不足していることをお互いに確認した。その後約1カ月間、復帰準備を継続し、問題点の指摘が必要ない水準に達した状態の復帰準備完了確認シートが再提出され面接を実施した。

　特に前回指摘した項目を中心に確認したところ、本人は復帰準備を万全に行ってきたことを自信をもって具体的に説明した。人事課としてもその内容に追加して指摘する事項もなく納得できたため、復帰検討期への移行を確認した。その後手順どおり、原職へ復帰することができた。

column.3　正社員の無限定性

　限定正社員というキーワードを最近よく耳にする。これは**勤務地・職務内容・労働時間のいずれかに限定のある一般的には無期雇用社員のこと**である。裏を返せば、一般の正社員はこれらいずれも限定されていない、いわば無限定正社員といえる。私たちは、**日本の正社員の特徴である無限定性こそが、労務管理上重要な考慮要素である**と考えている。

　無限定正社員は、会社の都合により部署異動で職務内容が変更されうるだけでなく、転勤もある。労働時間も時間外労働の上限規制の範囲内であれば、会社に命ぜられればやらなくてはならない。

　これらの面だけを見ると、労働者が一方的に不利なようにも思えるが良い側面もある。代表的な例が、職能給制度により新卒採用時と比べて賃金が長期勤続によって大幅に上昇する点である（近年はこのメリットが薄れてきているが）。例えば、フランスでは限定的な契約に加え、同一労働同一賃金が徹底されているため、賃金の生涯上昇幅は2割程度に過ぎない。一方で日本だと、一般的な正社員の場合では大卒でなくても賃金が倍近くにまでなる[27]。厳しい解雇規制も、無限定正社員であるがゆえに、いかなる職務であっても命じられることと表裏一体といえよう。

　このように**日本の雇用の仕組みにも良い面と悪い面がある。そのため、正社員であるメリット（＝良い待遇）だけを享受したまま、「仕事の質や量の軽減」や「復帰時の異動」など、職務等の限定を求める動きは、既存の雇用の仕組みの中で簡単に許容してよいとはいえないのである。**

---

27)「人事の成り立ち」海老原嗣生・荻野進介、2018。

column.4　安全配慮義務の意義・労災との違い

　雇用場面における安全配慮義務は、労働契約法第5条にて「労働者がその生命、身体等の安全を確保しつつ労働することができるよう、必要な配慮をするものとする」と規定されている。

　安全配慮義務違反が認められる要件は、概ね次の2点である。

⑴安全配慮義務の具体的内容と義務違反（過失）の事実の存在

⑵義務違反（過失）と損害との間に相当因果関係があること

　つまり、**使用者側に落ち度・過失があり（上記⑴）、その過失によって当該損害が発生することが社会通念上相当であると判断されれば（上記⑵）、安全配慮義務違反の損害賠償請求の要件は充足する。**これに対し、使用者は損害の発生について予見可能性がないこと（帰責性の不存在）等を立証しない限り、損害賠償義務を負うことになる。

　「労災が認定されると、自動的に安全配慮義務違反が認められるのですか」という言説を耳にするが、労災と安全配慮義務は別概念である。重要な違いの一つは、労災は使用者の「過失」を問わないことにある。

　労災には大きく分けて「業務上の負傷」と「業務上の疾病」がある。労災に該当するかどうかは、（a）業務遂行性、（b）業務起因性の二要件で判断される。業務上の負傷および負傷に起因する疾病（最多数は災害性腰痛）の事案は、一部の例外を除き（a）（b）の要件を満たしているかどうかについてはいずれも認識の相違は生じにくく、例えば、業務中に機械に指を挟まれた場合、申請すれば労災認定されるだろう[28]。しかし、指

---

[28] 事故が故意によるものでなければ、労働者側の過失（正しい操作手順を守らなかった場合などであっても）は労災認定において一般には問題にならない。

を挟まれたこと自体について使用者に過失がなければ、使用者は安全配慮義務違反の損害賠償責任を負わない。つまり、業務起因性と使用者の過失は分離すれば理解しやすい。

　一方、メンタルヘルス事案など、業務上疾病（負傷に起因しない疾病）が問題になる事案では、上記（a）はともかく、（b）の業務起因性はそれほど明白ではない。具体的には、メンタルヘルス事案における（b）は、①当該精神疾患が所定の「対象疾病」に該当すること、②発病前の概ね6カ月間に業務による強い心理的負荷が認められること、③業務以外の心理的不可や個体的要因により発病したとは認められないこと、の三要件で判断される。

　特に、②の「業務による強い心理的負荷」という要件は、複雑かつ広汎であり、評価表[29]は5ページ・37項目にも及ぶ。しかしながら、長時間労働が認められる事案については、（それが時間外手当の対象となるかという難解な論点を脇におけば）基準を超えるかどうかの判断は比較的容易である。つまり、一転して明白な側面も内含しさらに長時間労働については、使用者に時間外を命じる権限がある以上、過失があると判断されやすく、②の要件に該当すると同時に、使用者側の過失が認定される材料も整う。その意味でメンタルヘルス事案は、労災が認定されると、安全配慮義務違反も認められやすくなる傾向にあるといえよう[30]。

---

29)「心理的負荷による精神障害の認定基準について　業務による心理的負荷評価表（別表1）」厚生労働省、令和2年改正により36項目から37項目に増加した。

30) それでも、労災は行政機関の判断であり、行政機関の判断は裁判所の司法判断を直接に拘束するものではない。

case. 3

体調不良を理由とした勤務態度不良が問題となっていて、さらに上司が適切に労務管理できていない

●面接①

【これまでの経緯】

　以前から勤怠に問題があるＣさん。業務の遅れを指摘されると、残業でカバーしたりするものの、残業翌日は決まって遅刻したり当日欠勤するなどの問題があった。業務計画上戦力として期待できず、周囲の負担も続いていた。加えて、有給休暇も繁忙期を無視して取得し、さらに当日連絡での欠勤に際しても事後的に取得したりするため、すでに今年度付与分は全て消化した。

　勤怠の乱れを体調不良のせいにするので、上司は総合病院への受診を勧めたが異常はなかった。そのため上司は、メンタルヘルス不調を疑い、さらに心療内科への受診を勧めたが、「精神疾患ではない！」とＣさんに激昂された。それ以降、上司に暴言を吐く、机を叩いて周囲を威嚇するなど、勤怠の乱れのみならず勤務態度不良に拍車がかかっているが、上司は指摘・指導どころか業務指示もできていない。

【対応方針】

　ケース１と同じく、**勤怠に関する多くの問題があるので、通常勤務に支障があると考えて療養導入することがネクストステップ**とな

る。しかし、**何の方針もない「とりあえず受診」は失敗のもとである。**本人が心療内科を受診したとしても、主治医から「問題ない」あるいは「(周囲がサポートすれば) 働ける」という意見が出された場合に、結局、対応に窮する。

　そうではなく、まず、通常勤務ができているかを考える(第一原則)。通常勤務ができていないと判断できる場合、それが私傷病によるものであれば、会社は就業規則にもとづき、病気欠勤として労務を全免除することはできる。その場合、**本人が受診して私傷病の存在証明として「診断書」を取得し、病気欠勤の「申請書」に添付して会社に提出するというのが本来の形である。**なお、背景に私傷病が認められないなら、通常勤務ができていない正当な事情は特にないことになり、処分対象となりうる。この整理をしないままに、「とりあえず」医師の意見を聴いてみようと受診を求めても、うまくいかない。

　本ケースでは、そもそも労務管理が適切にできていないので、まず上司から業務を命じたうえで、通常勤務に支障がある部分を指摘し、問題の解決を求める。それでは解決しないことを確認して、人事による面接を行う。会社からの説明はケース1と同様で、本人に提示する選択肢は二つ。①療養に専念(病気欠勤、休職。これまでのような断続的な出勤と欠勤の繰り返しではなく、療養に専念する。期間は想定としては2〜3カ月間)して通常勤務できるようになるまで改善することを目指すか、②勤怠の乱れや職場での暴言などの問題行動を直ちに解消し、就業規則に従って他の従業員と同様に通常勤務するかの二択である。なお、本人に病識がない以上、本人だけと話をしていても、問題解決に進まないことが想定されるので、このケースも、面接には必ず家族も同席してもらうことを勧める。

　ただし、本ケースでは、暴言などがエスカレートしてきているた

め、原疾患の増悪を伴っている状況だと想定して対応すべきである。そのため、同じ二択でも提示する順序を変え、できるかぎり速やかな療養導入を実現することが人事として行うべき職場への配慮・措置ともなる。

■面接の目的

通常勤務できていない点を明確に指摘し、改善を求める[31]。

■面接のメッセージ

・現状は通常勤務できているとは言い難く、会社としては現状を認められないこと。
・通常勤務することを指示、問題点は指導するが、私傷病のためにできない状態なのであれば療養を勧奨する。

○応用編

１．産業医と人事担当者の事前協議ポイント

・これまでは、本来は労務管理の問題とされるべきケースであっても、体調不良の訴えを伴う場合、産業医による「医学的」受診勧奨の対応が期待されてきた。しかし近年、労働者側においても、自身の意に沿わない場合には、「命令でないなら受診しない」というスタンスが少なからず見受けられるようになった。そのため、制度に沿った説明を人事総務主導で行うことで、受診命令まで出さずとも受診に早期に結びつけ、かつ受診結果に対しても速やかに療養導入できる。つまり、結果的により円滑な解決に至ること

31）現時点で自ら療養するとは想定しがたい。まずは労務管理を尽くしたうえで、産業医等からもより強く療養勧奨すべき状態であることを現認して、再面接に臨む準備の面接とする。

ができるということについて共通認識を構築する [32]。
・本人が療養の申請を行わない場合、最終的には休職を命じるなど、労務管理の問題として責任をもって人事総務がハンドルすること（できること）を確認しておく。

２．社内事前協議ポイントの確認（人事担当役員説明）

・療養の申請がなされない場合でも、体調不良の可能性を否定しえない状況であることから、当該従業員側に生じる「懲戒処分による不利益」と「休職を命じることの不利益」を比較衡量し、最終的には休職を命じる心づもりと社内の方針をそろえておく。
・本ケースと異なり、私傷病が関係しない場合は、労務管理の問題として社内でもある程度は対処ができていることもある。しかしながら、上司によって対応に緩急の差が生じてしまい、「甘い」上司の場合と対比すると「厳格な」上司の場合には、Ｃさんのような部下に対しては、「適切に」指導が行われる。適切な指導と厳しい指導の境界線は接しているものであり、パワハラと主張されかねない状況が客観的にも生じてしまうこともあるので、早期からの人事の現場支援について、人事担当役員の理解をえておきたい。

---

32) ただし本ケースでは、ケース１とは違うアプローチを提示するため、人事総務への援護射撃も含めて、保健師を介して産業医メッセージを伝える想定とした。

【面接シナリオと実際の面接の様子】

参加者：**本人　人事　上司　保健師**

1．導入

人事課長　Cさんは、これまで何度か勤怠の乱れや勤務態度不良について、上司から注意指導をされています。それにも関わらず改善しないどころか、改善しようという意欲も認められるとはいえません。現状を人事課としては容認できないことから、今回の面接を実施いたします。

2．会社から伝えたいこと

　（本ケースでは「現状の確認」と併せて説明する）

人事係長　Cさんは、○月○日に上司から●●業務を命じられたところ、「私に苦手な業務を命じるとは、嫌がらせか！」と、上司に対して反抗的な態度を取ったことが認められています[33]。また、○月○日には業務の補助を求めた同僚に対して、「そんな手伝いをするほど暇じゃない！」と大声で怒鳴り、その態度を上司に注意されたところ、自席の椅子を蹴飛ばすなどの行為が認められております。

　これらの行為は職場での風紀秩序を乱す行為であることから、懲戒処分の対象として検討しなければならないものと考えています。

　なお、このような状況に対して、上司から精神疾患を疑ってい

33）実際に面接において指摘する際には、もっと具体的な内容を伝える。

るのではないかと誤解されかねないような言動があったことについては、今後は控えるように指導したことを申し添えておきます[34]。

人事課長　補足しておきますと、要するに、身体・精神を問わず背景に私傷病があるとしても、現在問題となっている就業態度が懲戒事由に該当する可能性があることそのものには何ら影響しません。しかしながら、本当に体調が悪いがゆえに、誠実に業務に従事しようとしてもできないということなのであれば、いったん療養に専念することは就業規則にそった対応として認めることはできます。ただし、この場合であっても、現在問題となっている言動が単純に免責になるというわけではなく、対応保留になるとお考えください。

人事課長　ところで保健師のＺさん、産業医の先生はなんとおっしゃっていたでしょうか。

保健師　産業医の先生の訪問日までに、まだ期間があることから、メールで連絡してお尋ねしました。
　先生によると、これまでの状況は、「疾病性」と「事例性」を一緒にしているのではないか、つまり、体調が悪いという病気の問題と、勤務態度不良という労務管理上の問題を一緒にしているので、それらを分けて考えるべきではとのことでした。いうまでもありませんが、産業医の先生も保健師である私も労務管理上の問題には直接、言及はできません。一方で、体調の問題に関して

34）これまでの対応における逸脱（会社から医療的なアプローチをとってしまったこと）に関しては、適切であったとはいえないと認めたうえで、今後は労務管理アプローチをとるということをはっきりさせる。

は、現状ではっきりと指摘できる点として、少なくとも勤怠上の問題が続いていることは事実ですので、療養が望ましいと思います。しかし、産業医に療養を命じる権限はありませんので、本人が療養することに同意するならという前提です。

　なお、就業継続する場合には、もし今後、任意の1カ月間の間に2回以上、遅刻・早退、あるいは当日になって勤務に従事できないとして連絡があった場合には、体調の悪化を否定しえない事象であることから産業医としては療養に専念することをより強く勧める、とのことでした。

人事課長　Cさん、自ら療養する意志はありますか。

本人　なんで私が休まなきゃいけないんですか。悪いのは周囲ですよ!!

人事課長　分かりました。では、いったん就業継続を前提に考えますが、産業医の先生のおっしゃる条件に該当する場合であって、かつCさんから療養申請がなされない場合には、会社としてもCさんの健康に配慮するためにも、仮にCさんの意向と異なるとしても療養を命じることを想定していることはお伝えしておきます。

　保健師のZさんに追加で確認ですが、産業医の先生のおっしゃる療養判断要件について、Cさんの場合には今年度付与分の有給休暇をすべて取得していますので、当日になって勤務に従事できない場合は欠勤扱いとなります。この場合、当社の就業規則上では懲戒事由に該当しますが、懲戒処分の判断については、どのように考えたらよいのでしょうか。

保健師 先ほど確認したように、医療・医学の問題とごっちゃにされがちですが「事例性」の問題、つまり労務管理上の問題として会社と従業員の間で判断すべき事象であると産業医の先生からも念押ししておくようにいわれております。

人事課長 では、この点は整理できましたので、話題を戻して人事課として通知します。

人事課長 今後は、業務上必要以上に大きな声を出さない、また同僚に対して協力的に接するといったことを含めて、通常勤務をしてください。なお、「通常勤務」の内容について、どのように考えているかは非常に重要です。これは、職位相当の業務について、就業規則を遵守して安定継続的に従事し、また上司から指示されたとおりに遂行するという意味です。

　もし今後、通常勤務とはいえないような勤務態度や勤怠の乱れが発生した場合には、次は家族同席での面接を実施いたします。そのため、念のためご家族にも本日の面接内容をお伝えください。また、勤怠の乱れに関して、就業規則に定める懲戒処分事由に該当する場合、処分を検討せざるをえない点については、先に申し伝えておきます。

（以降、質疑応答）

●面接②

【面接①後の様子】

　面接後、2～3日はおとなしかったものの、部署の当番業務を上司が命じたところ、再び激高して暴言を吐き、翌日は無断欠勤した。以前からのこともあって同じ部署の従業員が怖がって近くの席につけないなど、周囲は相当に困っている。

【対応方針】

　間を置かずに、約束したとおり家族同席の再面接を実施する。面接の場では、Ｃさんの現状の問題点を具体的に確認することで、家族と問題認識を共有し家族の方から療養導入を選択してもらうように促す。

■面接の目的

　家族同席の面接により、療養に専念する選択を採ってもらう。

■面接のメッセージ

・前回の面接で指摘した問題点が改善されていないことの確認。
・会社としては病状の悪化が背景にあることを否定できず、体調不良があるのであれば療養に専念してほしいこと。
・もし病状の悪化が背景にないのであれば、処分対象とすることを検討せざるをえないこと。

【面接シナリオと実際の面接の様子】

参加者：**本人　ご家族（父・母）　人事　上司　産業医　保健師**

1．導入

人事課長　人事課長の〇〇です。本日はお忙しいところ、ご家族の方にも同席いただき、ありがとうございます。今回はご家族にもＣさんの現状を共有させていただいたほうが良いと考えて、同席していただきました。よろしくお願いいたします。

2．現状の確認

人事係長　人事係長の〇〇です。それではまず、Ｃさんの現状について説明させていただきます。〇月〇日に人事面接を実施し、その場にて上司に大声で反抗的な態度をとる、あるいは同僚に対して協力的に接しないといった事項について、注意指導を行い改善を求めました。しかしながら、その後〇月〇日に再度上司に対して●●と暴言を吐き、さらには翌日無断欠勤するという事象が発生しました。

　これらの行動は、すべて懲戒処分の事由にも該当することから、人事課としては現状を決して容認できず、処分についても検討せざるをえません。一方で、もしこれらの行動の背景に私傷病があるなら、処分をいったん保留にしたうえで、一定期間療養に専念していただくことは可能です。

　現在はこのような状況ですが、ご家族としてはいかがでしょうか。療養に専念したほうが良いか、あるいは本人の希望どおりにこのまま通常勤務を継続させたほうが良いか、どのようにお考え

になりますか。

　※プランA、Bに分岐

プランA.　家族が療養に専念させるという場合

家族　（「自分は病気じゃない。ちゃんと働いている」という本人を
制して）家でも同じような状況です。このような状況では就業継
続できるとは思えないので、療養させます。

人事係長　分かりました。それでは、一定期間の療養が必要という
主治医の診断書を添付のうえで、所定の様式を用いて療養の申請
をしてください。

　また、療養期間中は週1回の療養報告をしていただきます。詳
しい説明はあらためて実施しますが、まずは今週分の報告から開
始してください。月曜日から金曜日の状況を記入し、翌月曜日ま
でに到達するように土曜日に投函する、という流れになります。
負担に感じる場合や、こうした記述を伴う報告はまだ早いといっ
た主治医判断がある場合には、ご家族にご協力いただき、該当す
る箇所にチェックをして報告をしてください。（療養・復帰準備
状況報告書と返信用封筒を4通ほど渡す）

　後日あらためて、療養に関する説明をさせていただきますので、
お手数ですが、再度来社いただきますよう、よろしくお願いいた
します。なお、ご家族の方に来ていただけるのであれば、必ずし
もご本人が同席する必要はありませんので、ご判断はお任せいた
します。

プラン B. 家族も就業継続を希望する場合

家族　本人が病気は関係ないといっている以上、私たちとしてもその立場を尊重するほかありません。

人事課長　ご意向は承知しました。ですがその場合は、これまでの問題に対してお咎めなしとするわけにはいかず、なんらかの処分は避けられません。加えて、今後発生する問題についても厳しく対応しなければならないことは、あらかじめ申し伝えておきます。

　　今後、問題行動があった場合には、再度ご家族同席の面接を速やかに実施いたしますので、ご協力をお願いいたします。

（以降、質疑応答）

【その後の経緯】

　一度は本人の意志を尊重するとして就業継続となったが、再度問題が発生したため面接を実施した。さすがに、家族も現状について実感をもって理解することができ、主体的に家族から療養に専念させるという約束がえられた。直ちに家族が受診に同行し、病気欠勤申請がなされ、療養を開始することとなった。療養・復帰準備状況報告書は家族による代理提出が2カ月続いた後、本人からの提出が始まり、それに対して受領書のやり取りを続けている。状況は目に見えては良くならず、なかなか復帰準備期に移行できないが、会社としては粛々と手順どおり進めるつもりである。

column.5　安全配慮義務における相当因果関係

　安全配慮義務違反による損害賠償の要件として、安全配慮義務違反（過失）と損害との間に**相当因果関係**が認められることが必要である。

　相当因果関係とは、Ａという行為とＢという結果があるとき、「ＡによってＢが生じることが相当である」といえる関係である。「ＡがなければＢはなかった」という、単なる事実的因果関係では足りない。例えば、長時間労働に対する措置が十分でない会社において、労働者が心臓疾患を発症したとする。このとき、実は当該労働者が高血圧症で過剰な喫煙をしており、それらの事情が発症の有力な要因として認められる場合、長時間労働が心臓疾患発症のきっかけになった可能性があっても、安全配慮義務違反と心臓疾患との間には相当因果関係が認められない可能性がある。

　すでに示したとおり[35]、業務上疾病の労災認定においては、「業務起因性」が要件となる。業務起因性も、疾病発症が業務に起因していることを意味しているが、**労災認定における業務起因性と安全配慮義務違反の相当因果関係とは別の概念である**[36]。しかし、両者を明確に区別していない裁判例も少なくない。特にメンタルヘルス事案では、業務起因性に関する労災判断が参考にされ、業務と疾病発生との間に相当因果関係があることを前提として、議論がスタートする可能性があるという点には注意が必要である。

35）47ページコラムを参照のこと。
36）労災が自殺の業務起因性を認めたのに対し、裁判所が業務と自殺との因果関係を認めなかった事例として、ヤマダ電機事件前橋地高崎支判平成28.5.19労経速2285号3ページ。

case. 4
パワハラを引き合いに、復帰時の部署を指定

●面接①

【これまでの経緯】

　「上司との折り合いが悪く精神的に疲弊した」として、病気欠勤開始から1カ月経過しているDさん。欠勤当初から「他部署に異動してくれるなら復帰する」といっているが、会社側は原職復帰以外は想定していない。

　原職復帰の原則を本人に説明したところ、今度は主治医から人事課宛てに電話があり、「本人は決して"パワハラ"という言葉を使わないが、私は上司からのパワハラがあったと疑念を抱いている。支援者として有能な2年前の上司の部署での復帰が良いと判断するが、復帰についてどう考えていますか？」と強い口調でいわれた。なお、Dさんは気分転換のため、趣味のパチンコや旅行などをしているらしく、SNSの投稿を見たほかの従業員から人事に対して苦情が出ている。一方、原職復帰は受け入れられないようで、電話で状況を確認しても話の途中で泣きだすこともある。

　周囲の聞き取りからは、現部署の上司は業務は業務と割り切り、部署の全体最適化を重視するタイプである（主治医の指摘する2年前の上司は牧歌的）。現部署で当初はDさんをフォローしていた同僚も、当該上司による業務の割当加減が絶妙なため、物覚えも良いとはいえないDさんのフォローにばかり時間をかけられなくなっ

た。結果としてDさん自身が業務をこなしきれなくなっていたというのが実態に近いようだ。また納期が守れなかったり、指示どおりに仕事ができなかったりするDさんに対して、以前の上司のように見て見ぬふりをせずに、都度の指導が適切に行われており、現時点でパワハラと考えるべき要素はない。

【対応方針】

　本人の希望や主治医意見に左右されず、原職復帰が原則であることを一貫して示すことが重要である。なぜなら、「上司との折り合いが悪いとき、メンタル不調と言えば異動できる。それでもダメならパワハラを引き合いにだせば良い」という悪しき前例となり、他の従業員のモラルハザードを雪崩式に引き起こしかねないからである。

　そこで、異動がなければ復帰はできないと主張する間は、「療養が十分とはいえないため、復帰判断はまだできない」と対応する。この対応は次のような整理による。総合職であれば「会社は異動を命じることがある。従業員は正当な理由なくこれを拒むことはできない」などと就業規則に一般的にも規定されており、「異動が望ましい」という（復帰時における）主治医意見は、裏を返せば「異動を命じることができない部署・業務がある（＝命じると健康状態が悪化するおそれのある業務がある）」という医学的制約を意味する。これを労働契約に照らして解釈すれば、総合職においては「労務提供が不完全」であるといえ、会社はこれを受領する義務はない、と論理的に説明できる。

　なお**一貫して示すとは会社全体で同じ姿勢を示すという意味である。要するに、本人が誰に掛け合っても同じ返答が返ってくるように準備しておき、関係者が一枚岩となって対応することが肝要である**。

また、**パワハラの疑いに関しては、休職・復職の議論とは分けて考え別々に対応する**[37]。今回のケースのように、自ら正式な相談をすることなく、周囲からの言及等により会社からの配慮を引き出そうとする従業員は少なくない。そのため、まずは本人に「パワハラがあったと正式に相談するか」を尋ねる。

　YESなら、パワハラ窓口を案内するとともに、本人に対しては、

①パワハラ調査としての本人ヒアリング等は療養の支障になる可能性が否定できないので、すぐには行えないこと

②復帰後速やかに、本人に対するヒアリングは正式に行うこと

③まずは復帰に向けて療養に専念すること

を伝えておく。パワハラについての相談があったことは事実なので、会社としてはパワハラ窓口と連携する等して相談を受理し、加害者とされる側や同僚等への社内ヒアリングなどの手順は進めておく。本人へのヒアリング以外の手順は速やかに完了させておくことで、会社としての責務も果たすことができる。

　NOなら、会社としては、パワハラはない前提で通常の対応を行えば良いし行うほかない。

　パチンコや旅行などに関しては私生活のことでもあり、また療養上、主治医も反対しない場合もあるので会社としては指摘しにくいかもしれない。しかしそれは、言い方の問題である。ダメとはいえないものの、会社として決して「良いとはいえない」行為なので、「休職中の従業員が、『療養に専念していない』と周囲から誤解されるような行動について、人事としては良いとはいえない」と明確に伝える[38]。

37）81ページコラムを参照のこと。

38）今回は面接で伝えるメッセージが多すぎるため、次回以降の面接へ回すこととした。詳細は132ページ参照のこと。

■面接の目的

原職復帰に関する説明を行い、手順どおりの療養を継続させる。

■面接のメッセージ

・原職復帰の原則に関する説明。

・パワハラに関する対応と復帰対応は別の問題であること。

・療養専念期あるいは復帰準備期の手順の説明。

○応用編

1．産業医と人事担当者の事前協議ポイント

・多くの産業医は、パワハラの主張がある場合には、原職復帰の原則の例外事象と考えている。しかし、そもそもパワハラの対応と復帰対応は切り分けて考えるべきであり、正式な相談のない現時点においては、会社として通常対応をするほかない（パワハラを前提とした対応はできない）ことを理解してもらう。

・パワハラそのものの事実認定については、産業医や産業保健スタッフの業務の範疇外であることからも、このタイプの面接においては産業医があまり前面に出ないほうが円滑に進むことも相互確認しておく。

2．社内事前協議ポイントの確認（人事担当役員説明）

・パワハラについては、「クロ」か「クロでないか」という2分類で考えるという点を相互理解しておく。というのも、パワハラの主張がある場合、人事担当役員が「グレー」を前提に、薄いグレーなら当該従業員の要求は突っぱね、濃いグレーなら異動も必要に

応じて対応すれば良いといった一定程度譲歩した（いってみれば場当たり的な）態度を示すことがあるからだ。また場合によっては、「シロとはいえないのだから」といって、現場の上司に責任があるかのような発言をしてしまうこともある。

・復職とパワハラの問題は、完全に切り分けて対応できる（対応すべき）こともあわせて確認する。

【面接シナリオと実際の面接の様子】

参加者：**本人　人事　産業医　保健師**

1．導入

人事課長　本日は、Ｄさんからの復帰に関する希望、具体的には異動希望に対して、当社の復職プログラムに基づいて説明することを目的として面接を行います。なお、面接時間は〇時〇分（30分程度）までを予定しています。まずは、こちらから説明をします。質問は後ほど確認しますので、説明をしっかりと聞いてください。

2．現状の確認

人事係長　現状について確認します。Ｄさんは〇月〇日より、私傷病により欠勤を開始し現在に至ります。なお、先日から「他の部署へ異動できるなら復帰したい」という連絡が保健師にあったことは確認しております。

3. 会社から伝えたいこと

人事係長 続いて、当社の復職プログラムにおける復帰基準を説明します。重要なことなので、自分でもメモをしっかり取るなどして良く理解しておくようにしてください。

※復帰基準を伝えるパーツ

復職プログラムでは復帰基準を、業務基準、労務基準、健康基準の三つの項目から設定しています。

まず、業務基準として、元の職場で以前と同じ仕事を、職位相当の業務効率、質、量において遂行できるまで回復しているかを判断します。2カ月程度は時間外勤務についての配慮は行いますが、特定の業務の免除や短時間勤務など、他の従業員とは異なる業務軽減対応は行いません。また、復帰時は元の職場への復帰を原則とします。

次に労務基準として、就業規則どおりに働けるまでに回復しているどうかを判断します。本疾患以外の特別な事情は別ですが、所定時間どおりに出勤し、決められた仕事ができるかどうか、遅刻や早退、当日の急な休暇の申請などがなくしっかりと勤務できるかどうかという基準で判断します。

最後に健康基準です。仕事を続けても健康な状態を安定継続的に保っていられるかどうかを判断します。健康上の問題による業務への支障、および業務による健康上の問題が発生するリスクがないないしは最小化されていることを求めます。

これら三つの基準を満たしている状態で、6カ月以上安定継続的な勤務が見込まれることが復帰基準です。

産業医 一ついいでしょうか。産業医としても原職復帰の原則が重要であることは理解しています。しかしながら、上司のパワハ

ラが疑われる場合というのは例外に該当するのではないでしょうか。自分のこととして考えてみても、そうした相手と一緒に仕事をすると思うと、少々しんどいなと思う面もあります。

人事課長　この後、詳細に説明するところですが、二つ重要なポイントがあり先生のご意見を承ることはできません。

　まず、この面接は、本人の復職手続の一環としての面接です。パワハラの有無については、パワハラ窓口の方で正式に相談を受理した後、パワハラ窓口が主体となり、本人や当該上司、あるいはその同僚など関係者からのヒアリングを行い、情報を収集したうえで、結論を出すことになります。そのため、ここでパワハラの件を扱うこともできませんし、現時点でパワハラがあることを前提に復帰手順を進めることもできないため、原職復帰の原則は変わりません。

　もう一つは、仮にですが後日パワハラがあったと判断された場合は、会社としては当該上司の側に懲罰的な異動を命じ、当該上司をDさんから引き離すことになりますが、Dさんにはそのまま原職復帰していただくことになります。

　もちろん、一緒に仕事をするのはつらいという本人の気持ちは理解できないわけではありません。しかし、それを言い出せば、仕事を遂行する中でつらい、できるものなら逃げ出したいというような場面がほかにないわけでもありません。その意味からも、やはり人事としては、異動を前提として復帰準備をしましょうといってあげることはできないのです。

産業医　なるほど、確かによく考えてみると、パワハラが疑われているという件と復職の件を混同していましたが、分けて考えないといけませんね。

人事係長　では、引き続きＤさんからの「他の部署へ異動できるのであれば復帰したい」という復帰希望について、人事としての考えを詳細に説明します。

　　Ｄさんは当社の総合職として採用されています。これまでの異動を思い出していただければ分かるとおり、当社には様々な部署や業務内容があり、業務都合の異動によりどの部署に配属されるかは分かりません。しかし、総合職としては、配属された部署で求められる業務を、求められる水準で行う必要があります。

　　そのため、「異動できるのであれば復帰したい」という要望は、「元の部署に復帰させると、病状が再度悪くなることが懸念されうる」という側面を看過することができず、したがって総合職としての業務遂行が難しいと受け止めざるをえません。

　　一方で、求められる業務を遂行するために、定められた範囲で、療養や復帰準備を行うことは差し支えありません。

人事課長　また、Ｄさんから上司によるパワハラがあったという趣旨の言動があったことを人事として把握しています。この件について、（先ほど産業医の先生にも説明しましたが、）パワハラの件と復帰の件は分けて考えます。また人事の中でも別々の担当が対応することは先にお伝えしておきます。

　　それではＤさん自身としては「パワハラがあった」ということで正式に相談されますか。

　　<u>※プランＡ、Ｂに分岐</u>

プランＡ．パワハラがあったとの回答の場合

人事課長　分かりました。パワハラの相談に関して正式に承りました。今後の対応については担当窓口に引き継ぎますが、会社とし

て、手順に従って、パワハラに関する調査を開始し事実確認をいたします。ただしＤさん自身へのヒアリングは、療養期間中には行わないことは、こちらからもお伝えしておきます。なぜかというと、療養期間中に長時間におよぶような詳細なヒアリング等を行うことは、Ｄさんの病状悪化の可能性が否定できないからです。

　　産業医の先生、Ｄさんへのヒアリングについて、先生のご意見はございますか。

産業医　パワハラに関するヒアリングでは、対象人物やエピソードに関する記憶を喚起する側面が避けられないと思います。心身に望ましくない影響を与える可能性を否定できず、少なくとも療養に対してプラスになるとはいえません。

人事課長　私たちのほうでは、ヒアリング後に正式に判断するまでの間は特別な措置を行うわけではなく、復帰手続として一般的な対応を行います。そのため、まずは復帰基準どおり、原職復帰を目指していただくことをお願いします。なお、復帰後に原職場で業務を再開する前に、パワハラに関するヒアリング等を当該窓口の方が対応します。

プラン B.　パワハラはなかったとの回答の場合

人事課長　では、基本的には今後はパワハラについては取り上げず、一般的な休職者と同じような対応を取らせていただきます。復帰基準どおり原職復帰を目指していただくことをお願いします。なお、後日やはり正式に相談したいというのであれば、窓口の方へお問い合わせください。いずれにせよ、Ｄさん自身へのヒアリン

グについては、精神的な負担になる可能性がないとはいえないため、復帰後に実施する手順になることは、こちらからも申し上げ ておきます。

　一方で、パワハラがあったかもしれないという、曖昧な内容の 言動では、会社としては対応できません。また周囲の同僚に「不 確定な内容」を繰り返し伝えるようなことは、職場環境を害する 行為に含まれないとまではいえず、看過できませんのでご理解く ださい。

人事係長　では最後に、今後の手続きについて説明します。まずは 療養開始から結果的に1カ月経過していることから、現在の状況 をあらためて客観的に確認します。こちらの「療養段階確認シー ト」[39) に記入ください。

療養段階確認シートの記載内容から
「療養専念期」か「復帰準備期」かを判断する。

●療養専念期（第一段階）と判断したとき
人事係長　今はまだ第一段階の療養専念期のようです。引き続き十 分な療養を取り、気持ちを落ち着ける生活をしながら、徐々に生 活のリズムを整えていってください。

　療養・復帰準備状況報告書を毎週提出してください。月曜日か ら金曜日の状況を記入し、翌月曜日までに到達するように、土日 に投函するという流れになります。負担に感じる場合や、主治医 からこうした記述を伴う報告はまだ早いといった判断がある場合 には、ご家族にご協力いただき、該当する箇所にチェックをして

39）172ページ参照のこと。

報告をしてください（療養・復帰準備状況報告書と返信用封筒を
4通ほど渡す）。

　自身で毎週、期日を守って内容を伴った報告が4回連続できる
ようになれば次の段階に進みます。その際には次の段階以降につ
いてあらためて説明します。

　なお、病気欠勤や休職は、復帰しようという意志がある方に対
して承認されるものです。療養・復帰準備状況報告書は、その復
帰しようと取り組んでいる意志を表わす書類になります。報告が
滞る場合は欠勤や休職の承認の継続に関して検討せざるをえない
場合もありますので、週1回の報告を必ず欠かさないようにして
ください。

　●復帰準備期（第二段階）と判断したとき

人事係長　現在の状態は、第二段階の復帰準備期に入ってよいと考
えられます。

　療養・復帰準備状況報告書を毎週提出してください。月曜日か
ら金曜日の状況を記入し、翌月曜日までに到達するように、土日
に投函するという流れになります（療養・復帰準備状況報告書と
返信用封筒を4通ほど渡す）。先ほどお伝えした復帰基準を満た
すことができるように、主治医にも相談しながらご自身でどのよ
うな復帰準備が必要・有用かを考え、実施した復帰準備内容を具
体的に報告してください。

　これらの復帰準備が完了しつつあると相互に確認できた段階
で、復帰準備完了確認シートの提出を求めます。復帰準備完了確
認シートの提出後、今回と同じように面接を実施した後、最終的
に復帰可能かどうか、所定の様式で主治医の先生にもご意見をい
ただく流れとなっています。そのため、これらの手順を踏まずに

「復帰可能」という診断書だけを提出されたとしても、会社として復帰可能とは判断できかねますので、指示に従って対応するようにしてください。

　なお、病気欠勤や休職は、復帰しようという意志がある方に対して承認されるものです。療養・復帰準備状況報告書は、その復帰しようと取り組んでいる意志を表わす書類になります。報告が滞る場合は欠勤や休職の承認の継続に関して検討せざるをえない場合もありますので、週１回の報告を必ず欠かさないようにしてください。

（以降、質疑応答）

●面接②

【面接①後の経緯】

　面接では、Dさんは完全に納得したとまではいえないものの、パワハラに関してはそれ以上の主張はせず、説明を踏まえて原職復帰に向けて頑張ると自ら口にするに至った。

　その後は、手順どおりに療養および復帰準備を進めてきたが、復帰準備完了確認シートの「会社や職場への感情のコントロール」という項目について、「『職場や会社のせい』という思いはない」には○をつけることができず、先に進めていない。復帰準備完了確認シートについては、支障のない内容でなければ次の復帰検討期へ進めないため、このままでは復帰準備が膠着してしまうかもしれない。

【対応方針】

　本ケースのようにパワハラ主張があるケースでは、「職場や会社のせいという思いはない」との項目については、解釈に誤解が生じやすい。この項目は、問題と思われる現象の事実の有無ではなく、あくまで本人がどう思っているかという本人の認識を確認しているものである。要するに、パワハラの事実確認のための項目ではなく、本人がトラウマ感情により就業に支障を来すことがない程度にまで回復しているか、いたずらに内心を吐露するなどして、業務上の必要性を超えて同僚などを巻き込むことなどなく、通常勤務できるかどうかを確認するための項目である。

　そのため次のステップとしては、復帰判定予備面接にて、この項目に関する確認を明確に行い、復帰検討期へ移行できるかどうか、判断したい。

■面接の目的

　復帰基準を再確認したうえで、復帰準備内容が業務基準および労務基準を満たしているかどうか確認し、復帰検討期へ移行できるか判断する。

■面接のメッセージ

・復帰基準の再確認。
・復帰準備完了確認シートに基づいて、復帰準備の状況を確認する。
・復帰検討期へ移行できる場合、今後の手続きを説明する。

【面接シナリオと実際の面接の様子】

参加者：**本人　ご家族　人事　上司**

１．導入

人事課長　人事課長の○○です。本日はお忙しいところ、ご家族の方にも同席いただきありがとうございます。

　　今回はＤさんの復帰準備の状況を確認するために、面接を実施いたします。よろしくお願いいたします。

２．現状の確認

人事係長　まずは現状から確認します。Ｄさんは○月○日より、私傷病により療養を開始しました。○月○日に人事面接を実施し、それ以降当社の復職プログラムに基づいて、療養および復帰準備を継続してきたところです。なお、先日提出いただいた「復帰準備完了確認シート」ではほぼすべての項目について、最上位に○がついていたことから、復帰準備は順調に進んでいると判断しています。

３．会社から伝えたいこと

人事係長　続いて、復職プログラムにおける復帰基準について、重要なことなので、再度説明します。

※復帰基準を伝えるパーツ

　　復職プログラムでは復帰基準を、業務基準、労務基準、健康基準の三つの項目から設定しています。

まず、業務基準として、元の職場で、以前と同じ仕事を職位相当の業務効率、質、量において遂行できるまで回復しているかを判断します。2カ月程度は時間外勤務についての配慮は行いますが、特定の業務の免除や短時間勤務など、他の従業員とは異なる業務軽減対応は行いません。また、復帰時は元の職場への復帰を原則とします。

　次に労務基準として、就業規則どおりに働けるまでに回復しているどうかを判断します。本疾患以外の特別な事情は別ですが、所定時間どおりに出勤し、決められた仕事ができるかどうか、遅刻や早退、当日の急な休暇の申請などがなくしっかりと勤務できるかどうかという基準で判断します。

　最後に健康基準です。仕事を続けても健康な状態を安定継続的に保っていられるかどうかを判断します。健康上の問題による業務への支障、および業務による健康上の問題が発生するリスクがない、ないしは最小化されていることを求めます。

　これら三つの基準を満たしている状態で、6カ月以上安定継続的な勤務が見込まれることが復帰基準です。

人事課長　では、〇月〇日付で提出された「復帰準備完了確認シート」をもとに、復帰準備の状況について確認したいと思います。

　全体としては、先ほど係長からもお伝えしたとおり、最上位に〇がついている項目が多く、復帰準備は順調に進んでいると判断しています。一方で、一部の項目については最上位に〇がついていないため、主としてそれらの項目について確認します。

　現状では、Ⅱ−(5)再発防止への心構え、およびⅣ−(1)職場への感情のコントロールの2項目について、最上位に〇がついていません。ご自身ではこの項目についてどのようにお考えですか。

本人　自分の仕事のやり方に問題があったとは思えないため、再発防止については最上位に○をつけていません。また、職場に原因が全くないとは思えないので、職場への感情のコントロールについても最上位に○をつけられません。

人事課長　なるほど。おそらく、「職場への感情のコントロール」という部分について、誤解が生じていると思われますので、補足します。この項目は、「職場や仕事が原因であったかどうか」という「事実の有無」ではなく、たとえ「職場にも原因があったと考えていた」としても、その感情が就業に支障を来すことがない程度にまで治療上コントロールできているかを確認するものです。復帰後はこれまで繰り返し説明してきたとおり、元の職場で就業することになります。要するにDさんにお尋ねしたいのは、パワハラがあったかどうかではなく、元の職場の上司や同僚と一緒に仕事をする上で、Dさんの気持ちとして、業務に支障がない程度まで心の整理がつき感情のコントロールができているかどうかということです。具体的には、当該感情について、業務遂行上の必要性から逸脱して周囲にむやみに吐露するなどのことがない状態であることも求められます。そうした観点からはいかがですか。

本人　そういったニュアンスであれば、自分の感情については復帰準備の中で何度となく振り返り、就業に支障がない状態まで心の整理がついていると考えているので最上位に○をつけることができます。

人事課長　分かりました。また、再発防止への心構えの部分についても、おそらく似たような食い違いがあったのだと思いますが、たとえ「職場にも原因があったと考えていた」としても、自身で

できる範囲の再発防止に関する準備をしっかりと行っていただくことを求めています。上司との人間関係や同僚との折り合いが悪いことはあったとしても、通常業務の範囲から逸脱しない限りは、人事課としてもむやみと介入するわけにもいかず、自身で対応してもらわないといけません。そのため、その際の対応について、自ら具体的に準備をするよう心がけてほしいのですがいかがでしょうか。

本人　なるほど、分かりました。この部分はもう少し復帰までに準備を進めたほうが良いと思いますので、時間をいただければと思います。

人事課長　分かりました。では、本日の面接で確認された残った課題の解消に向けて取り組みをもうしばらく行い、無理なく最上位に〇がつけられる状態になることを相互に確認するようにしましょう。

４．今後の手続きについて

（事前に受領している週１回の療養・復帰準備状況報告書の記載内容や本日の面接におけるやりとりの内容から、会社が復帰検討期への移行の可否について判断する）

プラン A．会社が、復帰準備はまだ完了していないと判断したとき

人事係長　では、復帰準備の仕上げとしてもうしばらく継続してください。また、復帰準備が完了したと判断した時点で、復帰準備完了確認シートを再度提出してください。

プラン B.　会社が復帰準備は完了したと判断したとき [40]

人事係長　第三段階である復帰検討期は、実際に復帰可能な程度にまで回復しているかどうか慎重に判断する時期です。引き続き、より業務を意識した復帰準備を継続しながら、復帰のための具体的な手続きを進めていきます。

　主治医が復帰可能との意見であっても、前提としている就業条件や配慮の内容に認識の相違がないとはいえない場合には、「通常勤務可能」と判定されないこともあります。また、職場での配慮は一定期間の一定水準の配慮のみとなりますので、焦って無理をせず着実な復帰を目指してください。

　手順として、主治医意見書の様式に、まず自己記入欄を記入の上、依頼文を添えて主治医の意見をもらってください。記入済み意見書を復帰申請書に添付して人事課に提出してください。次に、産業医との面接により復帰基準を満たす健康状態と考えて差し支えないかどうかについて意見をもらいます。面接日は人事課で調整をし、日時を連絡します。その後、復帰職場の受入体制や方法について、人事課および所属長等がヒアリングを行い、主治医・産業医意見も参考に、最終的な復帰可否を検討します。

　また、復帰可能の場合にも、念のため健康状態の再増悪に対して早期の対処をするためのストップ要件を設定します。ストップ要件については、あらかじめお伝えしておきますので、確認しておいてください。

40）今回の面接では、こちらは準備したのみで使用せず。

【ストップ要件】

復職後の任意の１カ月間に、原疾患に起因することが否定できない遅刻・早退・欠勤、および当日連絡による休暇取得の申し出や、あるいは上司の通常の労務管理下での指揮命令が困難であると判断される事象が、合わせて３回以上あった場合は、速やかに再療養を命じます。

　　復帰判定面接では、復帰判定に関する決定事項を説明しますので、ご家族にも同席をお願いします。復帰申請書の提出が遅くなった場合には、産業医面接の日程調整にも影響し、結果的に翌月以降の対応となることもありますので注意してください。なお、復帰検討期も引き続き療養・復帰準備状況報告書を提出してください。

（以降、質疑応答）

【その後の経緯】

　　復帰準備が完了したとは判断できなかったため、復帰準備継続となった。その後の２週間で、Ｄさんは再発防止に関する具体的な対策をまとめ、療養・復帰準備状況報告書に A4 で５ページのレポートを添付して提出した。復帰に向けた準備が完了したと総合的に判断できたため、復帰準備完了確認シートを再提出してもらった。

　　それを受けて開催された復帰判定予備面接では、前回の面接以降、自分なりに考えて準備してきたことを的確に説明することができた。会社としてはＤさんの復帰準備が完了したと悩む余地なく判断できたため、復帰検討期への移行を伝えた。その後は手順どおり復帰判定を進め、無事に○月○日に原職に復帰することができた。

column.6　パワハラ相談に対する対応

　「事例で学ぶパワハラ防止・対応の実務解説と Q&A」[41] によると、パワハラの相談があった場合には、一般的には以下のような点に注意して、対応する。

　①相談があった際に、迅速に調査を行うこと

　②客観的な事実の確認に終始し、中立的な立場で話を聞くこと

　③会社として適切な調査は約束するものの、処分の実施等については適切な手順を踏んでから行うこと

　ここでは調査の手順として、まず相談者に対してヒアリングを行い、どのような訴えがあるのか把握する。続いて第三者（同じ職場の同僚など）に対して、事実の有無を確認する。最後に加害者に対してヒアリングを行い、パワハラ認定や処分内容を決定するとされている。

　しかしながら、メンタルヘルス不調が絡む場合は、少し対応を修正する必要がある。**ヒアリングしたことやその内容をきっかけに、メンタルヘルス不調が悪化する可能性は否定できない**からである。そのため、いくら本人が早期のヒアリングを希望しても、万が一実施して悪化した場合、事後的に会社の責任を追及される事態となるリスクは残るので、**療養期間中は基本的には本人へのヒアリングは進めるべきではない**と考える。

　実務上は、休職・復職の対応とパワハラ相談対応、特にパワハラの有無の事実確認は切り離して考えるべき点には注意したい。パワハラ事実の有無に関係なく、現時点では療養が必要な状況にある従業員であることには変わりがない。当該従業員自

41）村本浩ほか「2019 年 5 月成立のパワハラ対策法に対応！事例で学ぶパワハラ防止・対応の実務解説と Q&A」、労働新聞社、2019。

身としてもいち早い回復を目指すために、優先順位を明確にしたうえで対応すべき状況である。そのため、パワハラ相談そのものは正式に受理するとしても、上記の説明を行い、本人に対する正式なヒアリングは復職後に速やかに実施することを明言するという対応をお勧めする。また、休職中にパワハラの白黒をつけることを期待させかねない対応、例えばパワハラに関する言及は、産業保健職のみならず、復職に関与する人事担当者はすべきでない。そもそもパワハラの有無は、本質的に復帰とは関係ない事象であるから取り扱わず、取り扱うのはしかるべき担当部署だという一貫した姿勢も重要である。

　もし、十分な切り分けなく曖昧に対応してしまった場合、どうなるであろうか。仮に調査の結果「パワハラは無かった」と結論が出ても、従業員側は納得せず、「パワハラでメンタルヘルス不調になったのだから異動して復帰させろ」という強硬な意見につながっていく。一方、会社は、「パワハラは無かった以上、原職復帰の原則に変わりはありません」という意見にならざるをえないが、もはや双方の意見は平行線になり、再び復帰手続とパワハラ問題が交錯してしまう事態に陥る。こうなってしまうと、本来ならば原職復帰して通常勤務できる人材でも、復職の機会を失わせてしまうことにもなる。

　なお、パワハラが認定されなかった場合は、原則どおり原職復帰となる。一方で、認定された場合であっても、基本的には加害者を懲罰的に異動することになるのが通例なので、同じく本人は原職復帰となる。つまり、休職に対する原職復帰の対応そのものは、そもそもパワハラの有無に影響されることはなく、何ら変わることはないのである。

column.7　使用者の過失有無の判断

　安全配慮義務における使用者過失の判断の枠組みは、**予見可能性の有無**と**結果回避義務履行の有無**の２段階に整理できる。つまり、**使用者に結果を予見する可能性があったと判断された場合には、その結果を回避する適正な措置を取る義務があったとされ、使用者がその義務を果たさなければ、過失があったと判断される。**

　ここでは、過労自殺に関して争われた、電通事件[42]を取り上げる。長時間労働をしていた従業員がうつ病を発症し、その後自殺した事件で、会社の安全配慮義務違反、すなわち過失の有無が争われた。判旨を詳細に見ていくと、社内での長時間労働の常態化、当該従業員における長時間労働の存在、上司による当該従業員の体調不良の認識という具体的事実から、予見可能性が認められたといえる[43]。そして「業務の量等を適切に調整するための措置を採ることはなかった」という上司等の措置の不備・不足が、結果回避義務の不履行と判断され、会社側の過失として認められたということになる[44]。

---

42) 最二小判平 12.3.24。なお、当該電通事件は契約上の義務としての安全配慮義務が直接に争われたのではなく、「不法行為」としての法律構成で争われたものである。しかし、「不法行為責任なのか、安全配慮義務違反としての債務不履行責任なのかという理論的問題については、議論の余地はあるとしても、労働契約の実態の中で、どうあるべきかを考えていくことこそが問題」と千種弁護士が指摘しているように、「安全配慮義務」の考え方の参考にして差し支えないと考えられている（「最高裁重要労働判例」高井伸夫ほか、経営書院、2010、60 ～ 76 ページ）。

43) 峰隆之弁護士は、「労働者になんらかの健康状態悪化を知らせる徴候が生じ、上司ら周囲のものがそれに気づいた（あるいは通常の注意を払えば気づくことができた）時点から、使用者に対し、それ以上、健康状態を悪化させないための措置（業務量の調整等）をとることが法的に義務づけられると考えるのが正しいと考える。」と指摘する（「メンタル疾患の労災認定と企業責任」（安西愈ほか）372 ～ 376 ページ）。

44) 前掲 43）376 ページにおいて峰弁護士は、「途中から本人が心身の不調を訴えていた、あるいは周囲からみて疲弊ないし消耗した状態が見受けられていたにもかかわらず、会社の方で休養をとらせなかった、あるいは支援体制を組んで本人の業務量を調整するなどの措置をとらなかった場合には、安全配慮義務違反を問われても致し方ないといえよう。」と指摘する。

この点、実際の現場はどうであろうか。長時間労働が常態化している現場では、みんなが長時間労働を行っていて、重大な結果が発生してしまった後で、「振り返ってみれば」あのとき彼／彼女は疲れていた、ちょっと辻褄の合わない言動があったということはありうるのではないだろうか。そうなると、結果の予見可能性があったと認められやすい。

　また、予見可能性の有無は、当時の客観的事情からも判断される。裁判例には、当該労働者の健康状態の悪化を現に認識していなかったとしても、就労環境等に照らし、労働者の健康状態が悪化するおそれがあることを容易に認識しえた場合には予見可能性が認められると判断するものもある[45]。例えば、長時間労働の実態という健康悪化の予測因子を認識していれば、それだけで結果を予見できたと判断されてもおかしくない。

　以上から、予見可能性は相当に広く認められるものであり、「そんな事情は知らなかった」という言い訳は通用しないことを前提に、対応しておく必要がある。**体調不良が看取されれば速やかに療養させるという（第二原則に沿った）対応は、回復・復職のために有用な措置であるとともに、上記の意味でも有用な副次的効果があるといえよう。**

45）山田製作所（うつ病自殺）事件　福岡高判平 19.10.25。

case. 5
職場で自傷行為をする従業員
寮にて一人暮らし

●面接①

【これまでの経緯】

　新卒入社２年目のＥさん。通常、新入社員は半年程度、現場にて様々な業務に従事し、業務適性を見極めたうえで正式に配属している。しかしＥさんは、就業状況が思わしくないため、配属先を決めることができないまま２年が経ってしまった。

　Ｅさんはこれまで２度の長期療養の後、就業時間中に自傷行為を複数回起こした。また、上司が指導をしようとしても泣いてしまうことがしばしばで、話も進められない。ときには「もう死んでしまいたい…」とつぶやきながら、カッターナイフを持ち出して長時間離席することがあり、業務上の指導ができない。一方で休ませるにしても、社員寮住まいのため寮で一人にすると自傷のおそれがあり、危険が予想される。結果、会社は出社させた方が誰かがみておけると考えて、現在は月１回受診しながら就業を認めている。また、家族に連絡を取ることは何度か検討したが、「弟が病弱だったため、自分は親にかまってもらえなかった」との思いから、親と距離を感じており、本人から連絡を拒否された。

【対応方針】

　会社は、「死にたい」という発言が許される場所ではない。そのような発言や自傷行為が認められているのであれば、その真意に関わらず、生命の危機を否定しえないと考え、家族に連絡し、直ちに療養導入のための面接を実施する。会社が発言や行為の真意を考えても仕方ない。むしろ、本人の真意を追求しようとしている間に、万が一、実際に自殺が発生してしまった場合、会社の側が問題を認識しながらも就業継続を認めていたとして、安全配慮義務違反の追求を免れえないであろう。

　面接においては、会社では「死にたい」という発言や自傷行為はしないよう指示する。また、「もし再度そのような言動があれば、会社では対応できかねるため、面接は中止し直ちに実家で療養してもらうことになる」と説明しておく。

　また今回のケースのように、家族の関与を本人が拒否する場合、例えば母親が嫌なら誰ならいいのかと聞き、父親でも親類でもいいので家族を呼んで人事が話をする（本ケースに類似した実際の事例でも、母親は嫌だが父親なら良いとのことであった。結局、当日は父親が頼んだのか、両親そろって来られた）。場合によっては、本人の同意がえられなくても、本人の生命の安全確保を優先して、家族に連絡しても構わないと考える。また、面接には可能な限り産業医に同席してもらい、面接冒頭に、「これから、本人にとって耳の痛い話をしなくてはなりません。本人の負担を考えて、止めた方が良い場合は産業医の先生からドクターストップをかけてください」と（みんなの前で）依頼しておけばよい。なお、ドクターストップが必要な状況であれば、「必要な業務指導ができない状態」と判断できるので、療養に専念させることもあらかじめ伝えておく。その場合は、本人は別室に移動させて保健師などに付き添ってもらい、

手続きに関する説明は家族に対して完了させる。

　なお、今回のケースは寮で療養しているが、**必ず自宅で療養させること**。寮は働く人のためのものなので、寮での療養は認めず実家に帰らせることをルールとして、寮規則等で明文化しておくとよい。また**同様に、一人暮らしでの療養も勧めない**。一人暮らしをしていると、会社が安否確認までせざるをえない状況に陥ることが想定されるが、それは会社が業務として行うべきものではない。安否確認も含めて家族に任せるべきである。そこで家族同席の面接を実施し、実家での療養を勧めること。もし実家での療養に異論があるなら、「療養する場所も含め、療養については家族と主治医で相談して、決めてください。ただし会社は安否確認については、対応いたしかねます」ということを、きちんと伝えておく（平たくいえば、入院治療の適応を検討してもらう）。

　今回は通常勤務に支障どころか、自殺する可能性すら否定できないため、とにかく直ちに療養専念させるため家族同席の面接を実施する。

■面接の目的

　速やかな療養導入。

■面接のメッセージ

・会社としては現状を一切許容できず、直ちに療養に専念してほしい。
・療養に専念する場合は、寮からはいったん退去してもらい、実家に戻ることを強く勧める。
・療養・復帰準備状況報告書を提出すること。

○応用編

１．産業医と人事担当者の事前協議ポイント

・死にたいという発言や自傷行為があると、人事担当者としては腰が引けてしまい、これまでは産業医や産業保健スタッフに丸投げになっていた。しかしながら、業務的健康管理を理解していたはずの産業医でさえ、「過酷な場面」に直面するとついつい医療職としての顔が出てきて、本人のペースに巻き込まれてしまうことがある（したがって、こうしたケースの療養導入面接では、産業医等が同席しないことも一つの案となりうる）。お互いに、冷静になって業務的健康管理に基づいた対応を行うことを再確認する。

２．社内事前協議ポイントの確認（人事担当役員説明）

・死にたいとの発言があった場合でも、家族への連絡について、「プライバシー」などを理由に消極的な態度をとる人事担当役員もいる。安全配慮義務履行と個人情報保護の優先順位について確認しておき、遅滞なく家族に連絡できるように準備しておきたい。
・本ケースのような場面において結果回避義務を尽くすために、事後的に考えても「良かった」と思える方法とは何か、検討しておく。

【面接シナリオと実際の面接の様子】

参加者：**本人　ご家族（父親）　人事　産業医　保健師**

１．導入

人事課長　人事課長の○○です。本日はお忙しいところ、ご家族の方にも同席いただき、ありがとうございます。

　お電話でもお伝えしたとおり、Ｅさんの様子が切羽詰まっていると判断したために、急遽面接を実施させていただきました。

　なお、これから本人にとって少し耳の痛い話をしなくてはなりません。本人の負担を考えて、途中であっても止めた方が良い場合は、産業医のＹ先生にドクターストップをかけてもらいます。その場合は基本的には通常勤務できるとは言い難いことから、療養に専念していただくことを前提に進めさせていただきますので、よろしくお願いいたします。

２．現状の確認

人事係長　人事係長の○○です。まず、現状の共有をさせていただきます。Ｅさんは、直近では○月○日に私傷病休職から復職しています。その後、１カ月ほど経過した○月○日の就業時間中に、上司から仕事上のミスを指摘された後に、自席においてカッターナイフで手首を少々傷つけ、それからその様子を同僚に見せるという行為が認められています。その後は、上司が業務上の指導をしようとしても泣いてしまい、話が進められないことが何度か起きています。○月○日には、上司からの指導後「もう死んでしまいたい…」とつぶやきながら、カッターナイフを持ち出して長時間無断離席することがありました。同僚による捜索が行われ、別

フロアのトイレの個室にいるところを発見されましたが、このような状況は、上司による業務上の指示や指導ができない状況であることは明らかです。

　自傷の恐れがあることを会社として認識した以上、これ以上の就業継続を認めることはできません。自傷をするようなことがないかどうか、職場で様子をみることは組織として対応できませんし、責任を負うこともできません。医療的な介入しか対応方法はないと思いますので、この後すぐに病院を受診していただき、まずご家族から主治医に自傷したい気持ちについてよく相談していただきたく思います。その後、十分に療養して自傷したいなどとまったく考えない状態まで改善してから、あらためて業務にあたっていただくことになります。

3．会社から伝えたいこと

人事課長　なお、Eさんは現在当社の○○寮に入寮していますが、寮は就業中の従業員に対する福利厚生の一環として準備しているものです。寮規則○条にあるとおり、「寮生は、休職（ただし1カ月以上の長期欠勤の見込みを含む）した場合には、直ちに退寮すること」と定めており、当社としては基本的には寮での療養は認めることはできません。

　寮とはいっても、当社の場合は借り上げマンションですが、家賃は自分で払うからそのまま住み続けたいということも認められません。理由は、当社の復職プログラムの方針として、一人暮らしでの療養をお勧めしていないからです。復帰に関する対応はこちらで行いますが、一方で例えば安否確認を含む療養そのものの対応は会社としてはできかねます。

　ご家族の判断において、一人暮らしでの療養を許容する場合には、これらの点について主治医の先生にご相談されたうえで、十

分ご検討をお願いします。

父親　分かりました。本人を説得して、実家に一旦帰らせるように
　　します。

人事課長　ご理解いただきありがとうございます。

4．今後の手続き

人事係長　最後に、今後の手続きについて簡単にご説明いたします。
　　まず、期間の明示は不要ですので一定期間の療養が必要である
　旨の主治医の診断書を添付のうえで、速やかに療養の申請をして
　ください。
　　また、療養期間中は週１回の療養報告をしていただきます。詳
　しい説明はあらためて実施しますが、まずは今週分の報告から開
　始してください。月曜日から金曜日の状況を記入し、翌月曜日ま
　でに到達するように、土日に投函するという流れになります。負
　担に感じる場合や、主治医からこうした記述を伴う報告はまだ早
　いといった判断がある場合には、ご家族にご協力いただき、該当
　する箇所にチェックをして報告をしてください（療養・復帰準備
　状況報告書と返信用封筒を４通ほど渡す）。
　　後日あらためて、療養に関する説明をさせていただきますので、
　お手数ですが、再度来社いただきますよう、よろしくお願いいた
　します。なお、ご家族の方に来ていただけるのであれば、必ずし
　もご本人が出席する必要はありませんので、ご判断はお任せいた
　します。

（以降、質疑応答）

●面接②

【面接①後の経緯】

　家族から申し出があったとおり、実家で療養に専念することになった。それに伴い主治医の変更があった。母親との関係から一旦病状が悪化したためか、療養・復帰準備状況報告書はしばらく家族（父親）による代理提出が続いた。

　その後、時間はかかったが回復して手順を進めることができ、復帰判定予備面接を開催したところ、復帰準備は問題なくできていることが確認できた。そのため復帰検討期へ移行した。

　主治医意見書の取得も完了し、最終的な復帰判定の面接を実施するように準備を進めているところである。

【対応方針】

　自傷行為があった従業員については、復帰前に念を押して、自傷行為を繰り返さないかどうかを確認したうえで、復帰後の再療養要件の中に「自傷行為やそれに繋がりかねない言動があった場合」という項目を追加しておくと良いだろう。また、現実にそのような事象が発生した場合には、直ちに家族に連絡することも約束しておくとよい。

■面接の目的

　復帰判定と再療養要件について、関係者全員の共通認識を形成すること。

■面接のメッセージ

・復帰基準を満たしているかどうか確認する。

・再療養のための要件について説明する。

・自傷行為を二度と行わないことを確認する。

【面接シナリオと実際の面接の様子】

参加者：**本人　ご家族（両親）　人事　上司**

1．導入

人事課長　本日はお忙しいところ、家族にも同席いただきありがとうございます。本日の面接ではＥさんの最終的な復帰判定を実施いたします。

2．復帰判定

人事係長　はじめに、本日の復帰判定の基準となる、復職プログラムでの復帰基準について、これまでも説明してきましたが、あらためて説明します。

※復帰基準を伝えるパーツ

　この復職プログラムでは復帰基準を、業務基準、労務基準、健康基準の三つの項目から設定しています。

　まず、業務基準として、元の職場で、以前と同じ仕事を職位相当の業務効率、質、量において遂行できるまで回復しているかを判断します。２カ月程度は時間外勤務についての配慮は行います

が、特定の業務の免除や短時間勤務など、他の従業員とは異なる業務軽減対応は行いません。また、復帰時は元の職場への復帰を原則とします。

　次に労務基準として、就業規則どおりに働けるまでに回復しているどうかを判断します。本疾患以外の特別な事情は別ですが、所定時間どおりに出勤し、決められた仕事ができるかどうか、遅刻や早退、当日の急な休暇の申請などがなくしっかりと勤務できるかどうかという基準で判断します。

　最後に健康基準です。仕事を続けても健康な状態を安定継続的に保っていられるかどうかを判断します。健康上の問題による業務への支障、および業務による健康上の問題が発生するリスクがない、ないしは最小化されていることを求めます。

　これら三つの基準を満たしている状態で、6カ月以上安定継続的な勤務が見込まれることが復帰基準です。

人事係長　なお、当日連絡で業務に従事できないことは、有給休暇の事後的付与の問題とは別に「勤怠上の問題」とみなし、再療養要件に含まれることになりますので注意してください。

　以上が復帰基準ですが、Eさんご自身として、この基準を満たして就業継続することが可能ですか？

本人　これまでの療養期間で、しっかりと復帰準備を実施し再発防止についても準備してきました。基準を満たして就業継続できます。

人事課長　分かりました。Eさんはこのようにおっしゃっていますが、上司の○○課長はこの意見を受け入れて差し支えないでしょうか。

上司　これまでの復帰準備の状況や本人の発言から、業務基準および労務基準は満たしていると考えて整合しないような点はありません。

人事課長　念のため確認しますが、上司の側も自己判断で業務をいたずらに軽減せず、職位に相当する業務を与え、期待水準に達しているかどうかについて適切にフィードバックをしていただくことになります。これに対して特段の懸念はなく、適切に対応できるという理解で間違いはないでしょうか[46]？

上司　はい、ありません。

人事課長　では、業務基準および労務基準は満たしていると判断します。

人事係長　なお、すでにお伝えしているとおり、復帰後の配慮ですが、まず通院への配慮、つまり通院する予定となっている日時に対する有給休暇の取得をあらかじめ申請してもらい、その際の業務面での引き継ぎを免除します。この配慮は復帰後1カ月間について実施します。

　また時間外労働についての免除を実施します。具体的には、1カ月目は時間外労働は無しとし、2カ月目から産業医学的配慮は解除するものの、36協定の水準内で上司の判断により段階的に負荷をかけていきます。3カ月目からは配慮は解除し、他の従業員と同じように働いていただきます。この時間外労働への配慮は、当日の業務に伴う疲労等を確実に回復し、翌日の業務に支障を来

46）関係者の前で、上司の復帰基準に関する認識を確認し、復帰後に食い違いのある対応（仕事を加減しすぎるなど）を取らないように念押ししておく。

さないようにしてもらうために行うものです。配慮によってえられた時間の使い方は目的に沿うものになるようにすることが従業員の責務です。

　なお、これらの配慮が解除できない場合、後ほど説明する再療養の要件に該当するものと判断することになりますので、ご注意ください。

人事課長　ご家族の方にも確認します。職場でできる配慮は、さきほど説明したとおり限定的なものです。この配慮の範囲内における関係者の役割遂行により、復帰後に再発する可能性について最小化はされていると考えてはおります。しかしながら、その可能性はゼロにはなりません。そのことをご理解いただいていますか。言い換えると、誰のせいでもない、再発ということについては口に出したくはありませんが、ありえるということを確認ください。

家族　はい、異論ありません。

人事係長　続いて、健康基準について確認します。すでに先日の産業医面接にて、産業医の先生からは復帰を延期する明確な懸念材料まではないという意見をいただいています。ただし、後ほど説明する再療養の要件を設定することについて、ご意見をいただいています。

　また、すでに提出いただいている主治医の復帰に関する意見書においても、定められた条件下、決められた配慮のもとで復帰させても問題ないというご意見でした。

　ではＥさんにも確認ですが、これまで説明してきた配慮内容のもとで、会社から求められる業務を遂行した場合に、短期間のうちに勤怠が乱れるなど、原疾患の増悪が否定できない状況になる、

あるいは健康上の理由で通常勤務に支障を生じるようなことはないと、自信を持っていっていただくことはできますか？

本人　これまでちゃんと療養してきましたので、頑張って働きます！

　　（不安は表明するかもしれないが、そこは本人しか自信を持って表明できないので、頑張って宣言してもらう）

人事課長　分かりました。また、この点については触れざるをえませんが、復帰後に再度自傷行為やそれにつながりかねない「死にたい」といった言動はしないことを約束していただけますか。

本人　これまでしっかりと療養してきたため、今では死にたいというようなことを考えることもなくなりました。今になって思うと、なぜ当時あのような言動をしていたのか、自分でも理解できません。

人事課長　分かりました。では関係者全員で、業務基準・労務基準・健康基準の全てを満たしていることを確認できましたので、復帰可能と判断します。

人事係長　復帰日については、復帰後、当初より５日間連続の勤務にならないように、祝日を考慮しつつ、〇月〇日の水曜日にすることを提案します[47]。復帰日までの間は復帰準備を継続して行ってください。

47）復帰日の考え方については、161ページ参照のこと。

なお、先日の面接でもお伝えしたとおり、念のため健康状態の再増悪に対して早期の対処をするための要件（ストップ要件）を設定します。1回でも要件に該当した場合は、ご家族にも同席していただき、状況の確認を含めた面接を実施しますのでご協力をお願いいたします。

【ストップ要件】[48]
復帰後の任意の1カ月間に、原疾患に起因することが否定できない遅刻・早退・欠勤、および当日連絡による休暇取得の申し出、あるいは上司の通常の労務管理下での指揮命令が困難であると判断される事象が合わせて3回以上あった場合は、速やかに再療養を命じます。

人事課長　一般の従業員に対しては今お伝えした要件を設定していますが、Eさんの場合は、これに「自傷行為やそれにつながりかねない言動があった場合」という要件を加えさせていただきます。ご了承ください。

家族　分かりました。

（以降、質疑応答）

3．今後の手続き

人事係長　復帰後、第4段階である復帰支援期になりますが、復帰支援期では業務評価、労務評価、健康評価の三評価を行い、前二者については所属長等による確認のための面接を実施します。

---

48) 162ページ参照のこと。

　復帰後２カ月間は、業務記録をつけていただきます。１週間分の業務予定を立て実施事項を毎日記録するものです。業務予定については、遅くとも２カ月経過時点までに、業務効率・質・量等が難易度×達成度で10割相当になるように計画的に設定してください。

　上司には、復帰後１カ月目、２カ月目に労務評価票を記入してもらいます。評価の項目を念頭に日々の勤務態度等を見て、問題があった場合は、その都度本人に注意・指示をするとともに、人事へも報告をお願いします。Ｅさんは、その指示に従い、改善方法についてはご自身でもよく考えて、早期に改善できるよう努力してください。また、勤怠の確認については「遅刻といっても数分だから」といって、大目にみたりすることのないようにしてください。これは、むやみとただ厳しいことをいっているのではなく、本来は再療養すべき状態であるにも関わらず、その検知が遅れるといったデメリットも考慮しての指示となりますので、真意をご理解いただくようにお願いいたします。

　また、健康評価は産業医が書面判定で行います。適正負荷の下での健康状態の維持、逆から言えば、ドクターストップをする必要がないことを判定してもらった上で、評価の結果により人事課が勤務継続判定を行います。評価期間中に復帰基準を下回った場合は、安全配慮の観点から再療養を前提に本日の関係者による検討を速やかに実施します。

　なお、産業医や保健師による定期的なフォローアップ面接は行いません。なぜなら、せっかく設定した就業基準を達成するうえで、所属長のみならず、特に同僚が業務分担に関するＥさんへの対応について躊躇する最大の要因が、「医療的支援が完全には終了していない」と周囲からみなされることにあると考えるからです。言い換えれば、通常勤務ができることを前提として復帰を認

めるわけですから、復帰後において医療の直接的支援を要することはないはずです。一方で、再療養が必要であるとの判断になった場合に、速やかに療養にご協力いただけない場合については、ご家族同席のうえ、産業医からも療養の必要性について説明をしてもらう場合があります。

　復帰支援期間が無事終了した後、就業上の配慮、制限のない完全な通常勤務状態に移行することになります。

（以降、質疑応答）

●面接③

【面接②後の経緯】

　復帰後、同期社員と比べるとパフォーマンスは低いが、安定的に出社できていた。しかし復帰４カ月後に、大きなミスを発生させてしまい、上司から指摘を受けた後、長時間の離席をし翌日は１時間遅刻した。

　この問題を受けて、人事は直ちに家族同席の面接を実施した。本人は「体調には問題なく、通常勤務できる」と改善を約束したため、一旦就業継続を許容したが、翌週月曜日に再度無断欠勤をした。これにより、①長時間の離席、②遅刻、③欠勤により、ストップ要件に該当することが明らかとなり、療養導入を前提とした面接を実施することとなった。

【対応方針】

　基本的には、復帰時の面接で約束したとおり、再療養させ療養導入後は手順どおり対応する。

　なお、前回の療養ではうまくいかなかったのだから、より長期の療養が必要となるということは、医学的な判断は別として、会社としてはそのように考えてしかるべきである。

■面接の目的

　ストップ要件に該当したため、速やかな再療養を目指す。

■面接のメッセージ

・ストップ要件に該当したことを確認する。
・再度療養に専念することを強く勧奨する。

【面接シナリオと実際の面接の様子】

　参加者：**本人　ご家族　人事　上司　保健師**

1．導入

人事課長　本日はお忙しいところご家族にも同席いただきありがとうございます。先日の面接以降、やはり勤怠の乱れが収まらず、人事としては病状の再増悪を懸念せざるをえないことから、今回は再療養を前提とした説明を実施するために面接を実施いたしました。

2．現状の確認

人事係長　Eさんは〇月〇日の復帰後、当初は通常勤務を行っていましたが、〇月〇日に大きなミスをしてしまい、その指摘を受けた後、長時間の離席をしました。加えて翌日は朝1時間遅刻したため、直ちに面接を実施したところ、体調には問題なく今後は通常勤務できると本人から説明があったため、就業継続を許容しておりました。

　　しかしながら、〇月〇日に無断欠勤し、復帰時の面接で説明したストップ要件に該当することとなりました。

3．再療養となる説明

人事課長　係長から説明したとおり、〇月〇日の長時間の離席、〇月〇日の遅刻、〇月〇日の無断欠勤の三つをもって、復帰時点で説明していた再療養要件に該当したと判断しました。会社としては、病状の再増悪を否定しえない状況であり、速やかに再度療養に専念していただきたいと考えていますが、いかがでしょうか。

本人　それでも、また休むと職場の迷惑になるので休みたくないです。

人事課長　それは、復帰時に交わしていた約束と話が違います。また前回の面接でも、問題を指摘し改善を求めました。にもかかわらず、改善しなかった事実があることから、これ以上の就業継続を認めるわけにはいきません。

家族　この子も迷惑になってはいけないといっているので、もう少し検討の余地はないものでしょうか。

人事課長　そうですか。では、やむをえませんので、はっきりと申し上げます。Eさんにおいては、勤怠上の問題が解消せず、来るか来ないかで上司および同僚はやきもきさせられるだけでなく、業務計画の再修正もしばしばとなっております。これ以上は申し上げませんが、むしろ出社されることが、部署の業務遂行上の支障になっていないとはいえず…。いいたいことは、お分かりいただけますか。

家族　よく分かりました。確かに、いってしまえば、休まないと迷惑な状態にまでなっているということですね。親としては残念ですが、私からいって再療養させますので、よろしくお願いします。

人事課長　分かりました。

4．今後の手続き

人事係長　前回の休職時と同様、まずは一定期間の療養が必要である旨の主治医の診断書を添付のうえで、速やかに療養の申請をしてください。その後の手続きに関しては、別途面接にて説明しますが、まずは前回の休職時と同様に、療養・復帰準備状況報告書を毎週1回提出してください。

（以降、質疑応答）

【その後の経緯】

　結果的に家族主導で療養を開始することとなった。状況はなかなか良くならず、療養・復帰準備状況報告書も家族による代理提出が続いている。

column.8　家族の関与（面接への同席）

　家族の関与、特に療養説明や復帰判定面接への同席については様々な事情で難しいという意見を聞くことが多い。しかし、**私たちは一貫して、さらにいえば全事例に対して家族と対面したうえで療養・復帰を協力的に行うことをお勧めしている。**

　そもそもメンタルヘルス不調により正常な判断ができない状態を想定するならば、家族の関与は必須だろう。また、不調により就業状況に影響を来しているわけだから、経済的な面から家族の人生にも関わってくる。また療養がどの程度の期間にわたって続くかや、一度で終えられるかどうかは、療養中に本人を支援する家族にとっても極めて重大事である。このような状況下で、家族を関与させないほうがむしろイレギュラーと感じるべきだろう。

　実務的には、家族の関与に関して問題になるパターンは、大きく三つある。**一つ目は、家族が会社に対して協力的でない場合**である。会社から家族に対して直接命令することはできないので、この場合、本人から家族を説得してもらい、協力を求めることとなる。この際、本人に対しては合理的な範囲であれば、家族と連携することを命令することも差し支えないだろう[49]。

　二つ目は、本人が家族の関与を承諾しない場合である。この場合には、一度本人と面接をして、なんらかの業務上の約束（最終的には命令しうる内容のもの）をし、約束が守れない場合には、次はご家族の関与を前提とする、ということを併せて確約させておくと良い[50]。

　三つ目は、本人が家族との関係が悪い、頼める人がいないと

---

49) 休職規程等に、復職の手続きの過程で、家族と連携して対応することを盛り込んでおくことで、会社としても一定程度根拠をもって対応できる。

50) ケース1のように、勤怠の乱れがないことを約束してもらうのも一案である。

いう場合である。その場合は協力を要請する対象を親族にまで拡大して、本人に誰なら良いか選んでもらう。往々にして、特定の誰か（例えば、両親のうちどちらか）との関係が悪いだけのことがあり、本人に選択させれば、誰かの名前は挙がってくる。もし身寄りがいない場合でも、友人や労働組合の専従委員など、本人の味方になりうる第三者を本人に指名してもらうところまで考えたい。

　確かに、関与の必要性には異論は少ないかもしれない。しかしあえて、直接の対面までが必要なのか。物理的な距離の問題を除けば、実務上は、関与と面接への同席に、本人側の抵抗感という観点での差はほとんどないし、家族側からしても、関与するのであれば、間接的な関与よりも直接的な対面を含む関与を望む場合が多い。

　したがって、最初から関与してもらうかどうかで話を始めてしまのではなく、家族を呼ぶ（面接に同席してもらう）か呼ばないかから始めるのは重要である。また、進め方としても選択の余地を残すような曖昧な態度で臨むのではなく、**呼ぶことを前提として会社側関係者が一致して対応すれば、いくらでも知恵を絞ることができるはずである。**

column.9　結果回避義務の履行

　本来、安全配慮義務は従業員の安全等を確保する措置を取るという**手段債務**であり、なんらかの結果の実現を求めるという**結果債務**ではない。しかし、実際の裁判においては、「結果的にみれば、その措置では不十分であった」というような、結果論的判断がなされているのではないかと思わざるをえないこともある。

　例えば、結果回避義務の履行のために、「業務軽減」が求められるとする。しかし、実際に会社が考える精一杯の「業務軽減」を行ったとしても、結局病状の増悪や自殺が生じた場合には、「もっと大幅な業務軽減が必要だった（にも関わらず不十分な配慮しかしていなかった）」と判断されてしまう可能性がある。会社側の措置が十分だったと評価できる"相当な業務量"は、あらかじめ定義されておらず、就業状態を維持したまま事後的に適切だったと評価される業務量に調整することは、実際にはかなり難しい（不可能に近い）。ましてや、長時間労働が現実にあった場合や、体調不良の認識があった場合には、どの程度の業務軽減が有効なのか、現場において決定していくことは相当に困難である。

　そのため、**結果回避義務を確実に履行するための現実的な選択肢は、就業に支障があった時点で速やかに労務提供義務を免除する（療養に専念させる、休職発令する）ことである。**実は本書が提示する三原則[51]を忠実に実行することで、結果回避義務の履行が可能となる。

　まず、第二原則「通常勤務に支障があるのであれば休ませる」を考える。通常勤務に支障があるとは、勤怠の乱れや業務遂行

51）147 ページ参照のこと。

に客観的に認識可能な問題があるということであり、予見可能性が認められる状態であるといえる。予見可能性が認められれば、結果回避義務を履行する必要が生じるが、休ませることは結果回避義務の実際の履行である。第二原則の実践は、まさしく結果回避義務の本質的な履行といえよう。

　続いて、第三原則は「配慮つき通常勤務は慎重に限定的に行う」である。第二原則の適用タイミング、すなわち療養導入の判断に至るまでに、一定の時間を要することもありうる。その場合に、期間や回数をあらかじめ決めることなく、業務を軽減する配慮をしながら、様子をみるという措置を取ってしまいがちである。しかしこのような対応は、結果として予見可能性が認められた場合、結果回避義務の不十分な履行（場合によっては会社側がそれを証拠化している）を行っていたと評価される可能性がある。そのため、第三原則に則り、配慮つき通常勤務は、一時的（数週間）、有限回数（１回のみ）で実施することが重要となる。

　繰り返すが、**就業に支障があると判断した場合は、とにかく療養に専念させる。これこそが、結果回避義務の履行のための実務的な手段である。**

case. 6
合理的配慮として職務「大幅」免除を求められた

●面接①

【これまでの経緯】

　事務系の正社員として採用したものの、ミスが多く、何度指導しても直らないＦさん。入社直後から簡易な数字の計算ミスや郵送の宛先ミスなどを繰り返し、それをカバーしなければならない周囲から、不満の声があがっていた。また、同期入社の他の社員が担当している水準の業務を任せることもできていない。ある日、本人から自身が発達障害であること、障害者手帳も取得していること、学生時代から認定をされていたが、採用の際には開示していなかったことを打ち明けられた。

　その上で、「障害者としての合理的配慮を求めます。具体的には、数字の計算が必要な業務、宛先のミスが許されない郵送関係業務全般は、障害の特性から苦手なので、免除してください。主治医の先生もこの配慮は合理的なものだとのご意見です」と対応を求められた。

　もっとも、免除を求められた業務は、当該部署だけでなく社内のあらゆる部署で定常的に存在している。そして、当該部署では、これら業務を除くと清掃業務等しか残らない。結果として上司は具体的な業務を命じるのに苦慮し、何とか寄せ集めた簡単な作業を担当させているが、一人分の業務量には到底及ばず、本人は日によって

は暇を持て余している。

【対応方針】

　合理的配慮に関しては、本書執筆時点で裁判例の蓄積も乏しいこともあり、労務管理の現場においては適切な理解が進んでいないと考えている。

　合理的配慮の本質は、「能力の発揮を阻害する社会的障壁の除去」である。つまり、業務免除を合理的配慮であると単純に考えてしまうのではなく、能力の発揮を阻害している社会的障壁が何であるのかをしっかりと検討したうえで、その障壁を除去するという対応こそが、適切な措置として求められるのではないだろうか。なお身体障害の場合であれば、社会的障壁が誰から見ても分かりやすく、取りうる措置も比較的明確である。一方で、確かに発達障害を含む精神障害の場合、日本型雇用制度の特徴とあいまって、その検討は非常に煩雑かつ困難なものとなる。しかし、「苦手だから」という理由で契約上予定された業務を免除することは、合理的配慮として適切とはいえない。

　また、合理的配慮という用語は、現在、合理的配慮指針（以下「指針」）が求める合理的配慮の内容から乖離して、極めて多義的に（ある意味気軽に）用いられている。一言でいえば「配慮」という用語から受ける印象とは異なり、事業者が行うべき「措置」が本質である[52]。こうした状況を打開するためには、合理的配慮とは何かという根本的な理解をとおして本人側にも生じている誤解を解消し、会社と本人との対話により、合理的配慮として、具体的にどのような措置が適切と言えるのか、お互いによく考えて手順を進めていくことに尽きる。

52）この点を意識して、本ケースでは「措置」と「配慮」を使い分けている。

本ケースのように、採用時点では発達障害であることを認識しておらず、採用後に判明する事例は少なくない。採用時点まで、要するに幼少期から就学期間中は、家族をはじめとする周囲からのサポートや本人自身の工夫などで、障害がない人と気にならない程度に同じように生活できていたという事例も多い。しかし、例えば社会人になって一人暮らしを始めたことをきっかけに、家族からのサポートが無くなるなどして、問題が顕在化することがある。したがって、家族やジョブコーチなどとも連携することにより、問題の改善を図ることができる可能性もなお一定程度以上は残されている。安易に業務軽減をして改善の機会を放棄してしまうべきではなく、会社側としてもまずは改善を目指した初期対応をすべきだろう。

　そこで、家族同席の面接を実施し、本人に対して合理的配慮に関する説明を行ったうえで、労働契約に基づく労務提供を求める。それに付随してくる本来の意味での合理的配慮に関しては、本人側からも具体的に提案してもらう [53]。一方で、現行の雇用契約では、職務管掌内の業務を単に免除することや、ミスをそのまま容認することはできないため、契約上予定された業務を命じること、ミスに関してはその都度指摘（指導）することそのものについては、特に変わらないことは説明しておく。

　ただし実際の現場において、問題の「改善」まで上司の役割として求めると、注意する上司側がパワハラと誤解されかねない熱の入った指導をしてしまう可能性や、逆に指導ができず放置してしまう可能性がある。適切な労務管理として、まずは指摘（指導）を簡

53）障害者雇用促進法第36条の3では、採用後の労働者に対しては、労働者からの申し出がなくても、合理的配慮を提供することが求められているように読める。しかし、指針が事業主に求める手続は、まず障害者に対する職場での支障事情と希望する措置の確認、そして措置内容についての話合いである。また「合理的配慮」は、個別ニーズに応じた措置であることから、私たちは、合理的配慮の具体的な内容は、あらかじめ本人から具体的な提案を受けたうえで、会社と本人との対話を通じて検討する方が、建設的な対話が進むと考えている。

単に止めてしまわないことが役割であることを、上司にもしっかりと理解してもらいたい。

■面接の目的

合理的配慮に関する説明をし、契約上予定された労務提供をあらためて求めること。

■面接のメッセージ

・合理的配慮に関する丁寧な説明。
・労働契約上予定された労務提供は求めざるをえないこと。
・合理的配慮に関する具体的措置案を、本人側からも提案してほしいこと。

○応用編

1．産業医と人事担当者の事前協議ポイント

・合理的配慮は、障害者雇用促進法の2013年（平成25年）改正により新たに導入された概念であり、その本質は、能力発揮を阻害する障壁の除去にある。しかしながら、主治医が求める「合理的」配慮の内容は、単なる業務免除や業務軽減であることが実態として多い（患者の治療に資するという意味で「合理的」と誤解している場合もある）。産業医としてもこの点を人事とともに確認したうえで、本人の理解を促すために一役買うことができよう。
・障害のためにできない業務があるなら、「障害者雇用枠」に切り替えればいいのではないかという安易な考え方に対しても整理しておきたい。

２．社内事前協議ポイントの確認（人事担当役員説明）

・合理的配慮に関して、実際に措置を実施する場合であっても、過重負担の観点から複数の案が考えられる場合がある。こうした場合に、いずれの案を採用するかも決定しないうちに、人事担当役員などが、簡単に、「できるだけのことをします」といった発言をしてしまうと、従業員の期待との間に生じたギャップを埋めることができなくなる可能性がある。措置の実施に際して、「対話」が重要であることはいうまでもないが、話すべき内容・担当人物を整理して、両者に認識・期待のギャップが生じないように気をつけたい。特に、過重負担の観点から、合理的配慮の提供は容易ではないとの結論になる場合はなおさらである。

【面接シナリオと実際の面接の様子】

参加者：**本人　ご家族　人事　上司　産業医**

１．導入

人事課長　人事課長の〇〇です。本日はお忙しいところご家族にも同席いただきありがとうございます。先日Ｆさんから要請のあった、いわゆる「合理的配慮」に関して、会社の考えを説明するための面接を実施いたします。

２．現状の確認

人事係長　人事係長の〇〇です。まずは、現状の確認をさせていただきます。Ｆさんは〇〇課に配属されて以来、当該課の主たる業務である数字の計算・郵送業務において、ミスを繰り返している

ことが認められています。具体的には〇月〇日に●●といったミスを、また〇月〇日には、●●といったミスをしました。その都度上司による指摘と指導が行われましたが、指導の効果はいまのところ明確とはいえず、以降もミスが減る兆しはありません。

　そのような中、〇月〇日にFさんから上司に対して、自身が「発達障害」であることを打ち明けられ、同時に「計算業務や郵送業務の免除を合理的配慮として認めてほしい」と要請がありました。

3．会社から伝えたいこと

人事課長　会社の考えを説明します。まず、「合理的配慮」についてですが、障害者雇用促進法に基づく合理的配慮指針に規定されている、障害者に対する合理的配慮とは、能力の有効な発揮の支障となっている事情を改善するために必要な措置を取ることとされています。措置の内容とは、「特定の業務を免除する」ことありきではありません。Fさんが計算業務や郵送業務をしたいのにできないという場合に、どのような社会的な障壁のために支障が生じているのか、その障壁を除去するために何が必要なのかをといったことを、お互いに確認・検討し、措置をとることが、法令で求められている合理的配慮です。ただし、会社にとって過重な負担となる場合には、その措置を取ることまでは求められていません[54]。

　人事課長としては、Fさんから要請を受けた、計算業務や郵送業務の免除について、現時点では、合理的配慮として簡単に実施できますよとの回答はできません。それらの点については、今後社内で協議をすること、Fさんと対話していくことはお約束します。しかし、Fさんと当社は「正規の事務系従業員」としての労

---

54) 障害者雇用促進法における合理的配慮では、そもそも過重負担となる措置を含めない合理的配慮本来の定義とは異なり、過重負担な合理的配慮と、非過重負担な合理的配慮がある想定になっている。その中で、前者を提供することは必ずしも求められていない。

働契約を締結していることから、人事としても、契約で求められている業務をしなくても良いと簡単にはいえない立場であることはご理解ください。また、同時に発生している業務上のミスに対しても、現在の雇用契約の内容を前提にすると、上司に黙認や許容してよいとの指導を簡単にしてしまうこともできないこともお分かりいただけますでしょうか。

産業医　私も、合理的配慮という内容について十分に詳しいわけではないのですが、主治医の先生も同様だと思います。どちらかといえば、言葉の印象から、例えば、「本人の障害の特性に配慮し、心理的負担を軽減する、治療上も合理的な対応」というような理解で、少し誤解していたのではないかと思います。本人もこの点を主治医の先生に説明するのには、苦慮するのではないかと思いますが、何か支援するような方法はないものでしょうか。

人事課長　分かりました。本日の面接内容については、明日には面接記録として発行しますので、その中で「合理的配慮」について詳しく説明を記述し、主治医の先生にお渡しいただけるようにします。

人事課長　以上より、先ほども言及したとおり、会社としてはＦさんと締結している労働契約に立ち返って、求められる業務をきちんと遂行していただくためにお互いに何ができるのかを、まずは考えていきたいと思います。
　そのために必要となってくる合理的配慮は、当然当社としても行うつもりです。しかしながら、正直なところ私たちもそのような措置に対するノウハウを十分に持ち合わせているわけではありません。また合理的配慮は、個別のニーズに応じたものであるこ

とから、まずはＦさんの方から、何が支障となっているのか、そのためにどのような措置を取ってもらいたいのか、措置の内容を少し具体的に提案してもらえないでしょうか。必要であれば、ご家族の方に会社に来ていただくことや、ジョブコーチなどの専門家を交えた対応をすることは、当社としてはむしろ歓迎します。

家族　御社の事情はよく分かりました。本人とよく話し合って、ご対応いただけそうな提案をさせていただきたいと思います。

４. 質疑応答

産業医　ところで、できないことをやりなさいというのも無理があるので、例えば、障害者枠での雇用などに切り替えていただき、業務免除の配慮をお願いすることはできないのでしょうか。

人事係長　障害者雇用については、よく誤解があるので少し補足しておきます。先生が想像されている、いわゆる障害者「枠」というものは、当社には存在しません。当社でも障害者を雇用していますが、障害者であるかどうかで区別した雇用形態があるわけではありません。職務内容や勤務時間に限定のある雇用形態で、障害のある方を雇用している組み合わせが多いというだけで、契約そのものは、他の非正規社員と何ら変わりありません。もちろん、一部の障害者の方については、職務内容に限定なく正社員として雇用している例もあります。

　このように整理すると、先生のおっしゃる「障害者枠」というのは、職務内容に限定のある限定社員としての雇用に該当するものということだと思いますが、いかがでしょうか。

産業医　そのとおりです。できることだけを職務内容として限定す

る働き方を想定していました。

人事係長　もちろん、例えば、計算・郵送業務を含まない限定的な業務を遂行してもらう限定社員としてのあらためての採用も可能性としては考えられないわけではありません。しかし、限定社員としての雇用、具体的には計算、郵送事務を行わない雇用となると、現在と処遇は相当程度に変わってくる、平たくいえばかなり下がることが想定されます。加えて、定員の問題など、会社の負担の関係で必ずしもそのような限定社員として今すぐに採用可能なのかは、確約できないことでもあります。したがって、現時点ではそのような方法を考える前に、無期雇用の正社員としての契約を継続できる方法を、お互い模索する方が建設的であると考えて提案しています。

家族　確かにこれまでも忘れ物が多く、注意力散漫なほうだとは思っていました。しかしながら、自分に関心のあることには一所懸命取り組む姿勢もあり、御社にも入社できたと思っています。私たちのほうでも、これまでの成長を見守ってきた過程の中で、苦手なことにもどうにかこうにか取り組ませてきた経験もありますし、人事課長さんのおっしゃるとおり、本人ができない、苦手だという業務をあっさり免除してもらっていいのかについては親としても今後のことを考えると疑問もあります。この診断書のことは私どもも知らなかったものですから…。

本人　……。

5．今後の手続きについて

人事課長　それでは、先ほど説明したとおり、まずは職場において

求められる業務を求められるとおりに遂行することを目標にしていただきたいと思います。それと並行して、Ｆさんにどのような社会的な支障が生じていて、どうすればそれを除去できるか、会社として提供できる合理的配慮を一緒に考えていきたいと思っています。そのためにも、支障の具体的な内容や措置に関する提案をぜひお願いします。

　この過程で、上司が繰り返し指導しても改善しない場合、例えば同じミスを３回繰り返した場合には、今回同様ご家族同席のもとで、対応を一緒に協議していただく場を持ちたいと思いますので、ご協力をよろしくお願いいたします。もちろん、ただ３回まで待つのではなく、ミスがあった場合には都度ご家族にも情報共有するようにします。

（以降、質疑応答）

【その後の経緯】

　面接にて確認したとおり、計算業務や郵送業務を含む業務を命じていたところ、しばらくの間はやはりミスは続いていた。それに対して、事前に相談して決めたとおり、都度家族に連絡して改善策を一緒に考えてもらいながら一つひとつ実行していったところ、十分とまではいえないものの一定程度の改善はえられた。また、本人の就業態度も、なんとか苦手なことでも誠実に取り組もうとする姿勢が見えるようになった。

　現在では、当初から予定していた本来の水準の業務についても、相応に苦労はしているようであるが、会社として許容できる水準（他の従業員よりは若干劣る）で、業務遂行ができるようになっている。

column.10 　合理的配慮

　合理的配慮の本質は、障害者の能力の発揮の障壁を除去することであり、「この業務に支障がある状況であるから、このような措置をすることで円滑に遂行できるようにしよう」という措置が、合理的配慮である。よって、「希望があったからこの業務を免除する」という会社の対応は、必ずしも合理的配慮とはいえない。しかしながら、指針において「業務量等の調整」が例示されている[55]こともあってか、現実には、安易に業務軽減対応を取りがちである。

　実際の運用では、障害があらかじめ分かった状態で雇用するのか、雇用していた従業員が途中から障害を持ったのかで、対応は異なってくる。ただ、どちらの場合であっても、能力の有効な発揮と関係のない措置や、過重な負担となる措置はできないことを会社として明確に方針として持つべきことは変わりない。

　障害者であることを前提に採用する場合、採用前にきちんと「障害を理由としてどんな支障が生じているのか」、「どういった措置が必要か」を話し合う[56]。会社として過重な負担とならない範囲の措置であれば、措置を取ることを前提に採用すればよい。ただし、「新たな種類の配慮が追加的に必要」となる

55）確かに、「業務量の調整」が一例として挙げられているが、ここから直截的に「業務軽減（極端な例が業務免除）」が当然であると考えるのは、いささか乱暴ではないかと考える。例えば日々の業務量のムラが他の正社員よりも多くても、一定期間を平均した業務量が同じなら、業務量の調整も問題はない。一方で、ムラが多いことに加えて、平均業務量も契約内容からみて明らかに見劣りする場合に、業務軽減が合理的配慮だと言い切ることは難しいだろう。

56）差別禁止指針（平成27年厚生労働省告示第116号）においては、「障害者専用の求人の採用選考又は採用後において、仕事をする上での能力及び適性の判断、合理的配慮の提供のためなど、雇用管理上必要な範囲で、プライバシーに配慮しつつ、障害者に障害の状況等を確認すること。」は法違反とならないとされている。

場合[57]には、原則として待遇についても合わせて検討する必要が生じることを確認しておく。

　ケース6のように、採用前から有していた障害が採用後に判明した場合、障害がない前提での雇用契約との間にギャップが生じうる。指示の図式化や作業手順マニュアル作成によって求められた業務遂行が可能になるということであれば、まず取り組んでみるという対応でよいが、特定の業務免除や業務軽減を求められるケースは対応が難しい。「本件において合理的配慮として業務軽減義務を負うか否か」を理論的に突き詰めようとすると、本書執筆時点で裁判例の蓄積もない以上、判断は簡単ではないためこれ以上の深入りはしない。

　ケース6は、障害の有無とは無関係に、能力を評価して採用した従業員のケースである。採用時の契約内容を前提にすれば、出社する以上は契約上必要な業務は命じ、できない場合には指導することは避けられないことであることを、本人・ご家族にも説明し理解してもらったうえで、合理的配慮を提供することによって本来の業務をうまく遂行してもらうという方向を目指すことを忘れないでほしいという私たちの思いから、設定を考えた。

　合理的配慮の検討にあたり、何が支障となっているのか、どのような措置を希望するのかを本人にも提案してもらい、実施できるかどうか（過重な負担とならないか）は会社が判断する。求められた措置に過重負担が伴うと想定される場合や、実施しうる措置内では許容可能な水準での労務提供が実際に取り組んでみた結果としても困難である場合には、現行の雇用契約にお

57）ここで想定しているのは、例えば下半身の障害を理由に措置をしていた従業員が、新たに精神障害を理由に配慮を求めるケースなど、採用時に雇用契約の前提となっていなかった障害が判明または生じた場合である。

ける労務提供と処遇のミスマッチについて曖昧にせず、本人・
ご家族と真正面からお互いに向き合うことは、決して避けるべ
きではないだろう[58]。

58）永野仁美ほか「詳説障害者雇用促進法（増補補正版）」228 ページは、例えば無限定正社員
が5職務のうち1職務のみしか遂行できない場合でも、唯一可能な1職務に配置することが
合理的配慮にはなりうるが、そのような措置は過重負担となる可能性が高いこと、仮に過重
な負担とならない場合でも、そのことを処遇に反映させることは、障害のない者と同等の扱
いである限り、不当な差別的取扱いには該当しないと考えるべきであるとしたうえで、「本来
は契約内容の変更により、処遇自体を見直すべきなのかもしれない。」としている。

第二章

面接シナリオの意義

第二章では、面接シナリオのメリットやその作成方法を具体的に解説する。

○第一章で紹介した面接シナリオの実際の使用場面では、本人側の発言部分以外は、すべてあらかじめ準備した状態で面接に臨んでいる。そう聞くと、かなり入念な準備が必要になると思われるかもしれないが、実は定型的な説明が多く、数例の対応経験を経ればそれほどの手間はかからなくなる。この点は、はじめに紹介したパイロット事業でも実証されている。また一方で、この程度の労力に見合うだけの十分なメリットがある。

○これまで「産業医」「面談」として実施していたことが多いと思われる。これを、特定の誰かが仕切るのではなく「会社としての説明と判断結果の通知を行う」「面接」に転換するための秘訣が、面接シナリオである。

○面接シナリオをもとに事前に協議することで、それぞれの役割を再認識し、特に人事と産業医の連携における「あるべき姿」を体験を通して実現することができる。

○なお、本書で紹介したシナリオテキストや様々な場面で活用できるシナリオパーツは以下からダウンロードできる。

https://www.rodo.co.jp/download/1622.zip

第一節　面接と面談の違い

　面接シナリオに関する解説に入る前に、まず「面接」という語句の意味について確認しておきたい。似たような言葉に「面談」というものがあり、メンタルヘルス不調者対応においては、むしろこちらの用語のほうが一般的であるが、面接と面談の違いを意識したことはあるだろうか。

　「面接：直接その人に会うこと」、「面談：会って直接に話すこと」[59]と、両者ともほぼ同じ意味が出てくるが、ニュアンスは大きく異なると私たちは考えている。採用場面での使い分けが分かりやすい。

　面接とは、一方が他方の評価を行うために、説明や質問をして、確認するための場である。採用場面においては、会社側が応募者に対して会社説明を行い、様々な質問を行い、最終的に採用基準を満たしているか確認する。一方で**面談とは、双方の希望をすり合わせるために、直接会って話す場である。**採用場面においては、OB／OG面談がまさに当てはまる。採用可否を判断する決定権者が参加するわけではないので、希望の応諾までは行われないが、双方の率直な意見や希望を確認する場として用いられている。

　この考え方に基づくと、従来メンタルヘルス不調者対応にて行われていたのは、ほぼ面談であろう。面談の場では、まさに双方の希望が出される（場合によっては会社の希望は明かされず、従業員本人の希望が一方的に議場に上がることもある）。その上で、本人の希望をもとにできることとできないことをすり合わせようとするが、希望を聞いてしまった以上、ゼロ回答は難しい。なんらかの落

---

59)「広辞苑（第七版）」、岩波書店、2018。

としどころを探り、本人も納得できるような回答を探す。相手の希望を聴き入れているため目先の衝突は避けられるかもしれないが、しかし本質的な問題解決には当然ならない。

　一方で私たちがお勧めしている面接では、第三章で解説する考え方に基づき、あらかじめ通常勤務という観点からどのような問題があるか整理しておく。面接の場では、労働契約に基づく本人の義務をしっかりと説明して、その上で制度の範囲内でどのような対応を取りうるか検討することになる。当然本人の意に沿わない内容を説明することもあり、その場では意見が相容れない可能性はあるが、問題解決に向けて前進できる。

表１　面接と面談の違い

面接＝業務的健康管理	面談＝医療的健康管理
通常勤務という観点で、 どんな問題があるか整理する	病状や病名に依存した対応をする
労働契約に立ち返り、 本人の義務を説明し、 実施可能な内容を検討する	本人の希望をまず確認し、 会社としての落としどころを探る
いうべきことをいうので、 本人が不満を感じる可能性はある	相手のいいなりなので、 とりあえず目先の衝突は 回避できる
速やかな問題解決につながる	問題の先送り、新たな問題の発生

第二節　面接シナリオの作成メリット

　面接シナリオを作成するメリットは、次の4つを挙げることができる。
- (1)　言い足りないこと／言い過ぎることの防止
- (2)　人事と産業保健職の役割（責任）分担につながる
- (3)　いつ誰が対応しても一貫した説明が可能となる
- (4)　産業医機能の強化

　以下、一つずつ説明する。

(1)　言い足りないこと／言い過ぎることの防止

　面と向かって本人にあるべきことを伝えようと思っても、躊躇してしまい、伝えようと思っていた内容の半分も伝えられないことはよくある。

　一方で、それまでの対応の流れからつい感情的になって、言い過ぎてしまうこともありえる。あるいは、会社側の潜在的な意図（例えば、この機会に辞めさせたい）が、発言している担当者本人も気づかぬうちに透けてみえてしまうこともある[60]。

　十分なレベルまで準備しておいたシナリオを一言一句読み上げれば、言い足りないことや言い過ぎることが防止できる。あるいは、面接を想定どおりに終えられなかったとしても、次回面接時に、前回面接時の不足分を面接シナリオに追加しておくことで、必ず指摘することができる。

60）誤解が無いように補足するが、私たちはメンタル対応において当該従業員を辞めさせるような対応は、断じて行うべきではないと考えている。休職期間は、あくまで復職のために与える期間であり、その間は会社としては復職に向けた対応のみ行うべきである。

⑵　人事と産業保健職の役割（責任）分担につながる

　従来、メンタルヘルス不調者との面談は、産業保健職が担うことが多かった。場合によっては丸投げされていたケースもあっただろう。一方で、会社が伝えてほしいと期待していたことの多くは、労務管理に関する内容であり、本来は人事総務が発言すべき内容である。これを産業保健職が代わりに伝えようとして、うまく納得をえることができずに、問題解決にならなかった。あるいは本人が、「今は厳しいことをいっているが、これまでもそうだったように、後から希望を聞いて調整してくれるかもしれない」と誤解する可能性さえある。

　そこで、**面接シナリオを準備する際には、役割にあわせて発言内容を各者に割り振ることをお勧めしている**。例えば労務管理に関しては人事担当者が、医学的な内容に関しては産業医が、という具合である。面接シナリオとして発言内容を事前に準備しておけば、事前に課内で協議するだけでなく、必要があれば弁護士のリーガルチェックも可能である。人事総務も自信をもって安心して対応することが可能となる。加えてシナリオによる面接を繰り返すことで、仮に今は産業保健部門に丸投げに近い形でメンタル不調者の対応を委ねられている場合であっても、いずれは人事総務が主体的に対応することも可能となるだろう。また、面接への同席に慣れていない上司であっても、適切な役割を果たすことができる。

　責任の面からいっても適切な分担がなされる。面接シナリオについては社内協議、もっといえば人事担当役員までの稟議承認を行うこともできる。そこまでしておけば、シナリオに沿った発言は、発言者個人の責任ではなく組織の責任として分担されることになる。

column.11　人事の精神的負担の軽減

　メンタルヘルスの問題が労務の一大論点として取り上げられるようになって久しいが、「人事担当者の精神的負担が大きい」と感じられることは否定しがたい。

　人事として、労務の裁判例を勉強すればするほど、会社が安全配慮義務を負っていることを強く自覚するようになり、労務的な側面についての対応が保守的になる。結果として、部下思いの人事担当者ほど医療的アプローチに熱心に取り組み、従業員と一緒になって個々の従業員ごとの個別のキャラクターに入り込み、できるだけのことをしても思ったように改善せず、悩み苦しむことが多いように感じる。反対に、小さな親切大きなお世話といわんばかりにパワハラだと糾弾され、人事担当者・上司ともども精神的に追い詰められるというシーンすらある。

　面接シナリオを作成するということは、あらかじめ、できることとできないことを整理しておくことと同じである。突発的かつイレギュラーな申し入れに対し、どう対応すればいいのかと悩むこともない。自分の常識と対象者の常識とを無理に一致させる努力をする必要もない。

　面接シナリオは、会社が人事担当者に対し、担当者のキャパシティを超えた事象に対する独創的な対策や解決を要求するものではなく、「人事としての職務」に専念し、これを迷いなく全うしてもらうためのツールである。人事担当者としては、このツールを用いることで、精神的負担の軽減が図られるだろう。

(3)　いつ誰が対応しても一貫した説明が可能となる

　前回までの面接シナリオの確認により、本人に対してどのような説明をしてきたか容易に共有できる。そのため、**対応者が増えたり、担当者が代わったりするようなことがあっても、毎回、論理的な説明や一貫したメッセージを伝えることができる**。場合によっては、本人が会社側の説明に納得せず面接が次回に持ち越されるケースもあろうが、その際に次の面接でも文字どおり一言一句同じ説明を本人にすることができる。

　これを**本人側から見ると**、従来の面談とは大きく異なった印象を受けるだろう。**誰にいつ希望を述べてみても、同じ説明が返ってくることになり、組織としての一貫した方針を感じる**。自分の「希望」をいくら伝えたところで、ルール上認められるものではないと実感を伴って理解することになり、矛も収めやすい。また、会社側の自信をもったぶれない対応により、「他の従業員においては、希望がまかりとおっているのではないか」といった疑心暗鬼を抑止する効果も大きい。

(4)　産業医機能の強化

　これまで挙げたメリットは、裏を返せば、従来よりも産業医の役割が縮小しすぎるとか、結果として人事が産業医を操作しうるような副作用があると指摘されるかもしれない。この問題も、面接シナリオによる対応をさらに深めることでまとめて解決できる。

　例えば、従業員が「異動して復帰したい」と希望した場合を例に説明しよう。これまで説明してきたとおり、面接シナリオを用いて「原職復帰の原則」を伝えることで、本人に真意を理解させて原職に復帰させるという対応が可能である。これを発展させれば、**シナリオにより産業医が労働者寄りの発言をしても、なんら支障がなくなる。**

具体的には、シナリオを準備したうえで、面接において本人が希望する「復帰時の異動」について、産業医が主治医意見の意図の説明も含め言及する。これに対して、人事が制度説明や運用上受け入れられないことを回答し、原職復帰の結論を出すという対応が取れるのだ[61]。

　この一連の流れは、シナリオを準備したうえでの対応であるため、確かに出来レースではある。一方で、**産業医が労働者の代わりに希望を述べることにより、「使用者」対「労働者」という不毛な対立構図を避けられる大きな利点もある。**

　また、産業医機能の強化にもつながると考えている。具体的にいえば、まず初期産業医においては、臨床経験からくる労働者寄りの立場のままでも、メンタル休職者の復帰可否面接等における期待役割を十分に果たすことができる。さらに、面接シナリオの提供（伴走型指導）と、人事が作成する面接記録のチェックとフィードバックいう形により事例に対応していくことは、まさに OJT にほかならない。臨床で多忙な産業医の時間や労力を必要以上に要することなく、効率的にスキルアップを図ることができるわけである。

　次に中堅産業医にとっては、他の産業医の活動内容について、面接シナリオを通じて学習しうる、すこぶる良い教材として機能する。結果的に活動の標準化や今後の後進への指導にも寄与するだろう。

　ベテラン産業医にとっては、会社立場への過度な関与という閉塞感から抜け出し、存分に労働者の立場に立って活動を行うことも可能になる。人によってはまさに産業医を志した初心に立ち返ることもできよう。

61）面接シナリオを準備して、産業医の発言内容と、人事が産業医意見を採用しないことについて、双方納得ができるまで事前協議の場でしっかりと確認しておくと良いだろう。

column.12　産業医のキャリアイメージ

　産業医は医師であることが前提であり、ごく一部の例外を除けば、臨床経験の後に産業医活動を始める。くわえて、産業医にはOJTの仕組みがほぼない。そのためキャリア初期は、自身の臨床経験から活動を模索し、結果的に労働者を患者のようにとらえ、医療的な対応をしてしまう。場合によっては、労働者の利益を優先し、会社の制度から逸脱した判断や対応をしてしまうことにもなる。もちろん、労働者の希望と会社の制度が相反したときに、どう判断するか葛藤はするだろう。しかし生活がかかった労働者を目前にすると、医療職としての考えが勝ってしまう。本来、倫理指針により中立性が求められる産業医ではあるが、キャリア初期は「労働者寄り」であることが多い。

　このように始まる産業医キャリアも、経験を積むことで会社の考え方が分かるだけでなく、実際の判断にも反映されるようになってくる。ある意味バランス良く、「双方の立場を勘案した」発言や調整ができるようになり、いわば仲介者として中堅産業医はかなり重宝されるようになる。

　しかしこうした状況も、行き過ぎると人事から対応を丸投げされることになる。会社側から産業医への過度の依存状態、平たくいえば産業医が何でも決定しているかのような状態にまで陥ってしまうと、もはやうっかり労働者側の立場での発言はできない。例えば、口を滑らせて復帰時の異動に言及してしまった途端に、制度がなくとも人事が柔軟に対応するような事態が起こりうるからだ。いってみれば、仲介者に過ぎなかったはずが、いつの間にかオーバーランして「仲裁者」のようになってしまっている。この意味で、ベテラン産業医は大きな制約の中で産業医活動をしているといえる。

第三節　面接シナリオの作成手順

面接シナリオを作成する際には、次の手順で準備するとよい。

⑴　面接の目的を確認する

⑵　伝えたいメッセージを決めて、シナリオ案を作成する

⑶　複数の目でシナリオ案を添削する（外部専門家を含む）

⑷　発言内容の割り振りを行う

⑸　発言予定者に自らの発言を確認してもらう

⑴　面接の目的を確認する

そもそも、何を目的として面接を実施するのか、面接の目的を最初に確認する。あらためて振り返ってみると、従来型の「面談」では、意外なぐらい目的も明確にしないままに（むしろどうするかを考えるために）、「とりあえず面談」していたのではないだろうか。**面接を準備する段階で、全ての関係者の間にどのような「共通認識」の構築を目指すのかという方向性・方針を確認することが重要である。**その前提として、具体的に何が問題となっているのか、業務的健康管理に基づく問題整理が有用となる。

以下に、想定される面接シーン別の目的例を整理しておく。

1．療養導入時
通常勤務できていない点を指摘したうえで、通常勤務するのか、療養に専念するのか選択させる。
（ケース１－面接①、ケース３－面接①）

家族同席の面接により、療養に専念する選択を促す。

（ケース１－面接②、ケース３－面接②、ケース５－面接①）

２．療養開始時点

（必要に応じて本人よりもご家族に対して）復帰基準と復帰手順に関する説明を行い、手順どおりの療養を開始する。
（ケース２－面接①）

３．復帰準備時点

本人に対して復帰基準と今後の手順をあらためて説明し、復帰に向けた復帰準備を具体的に開始させる。（ケース４－面接①）

４．復帰準備膠着時点

復帰基準を再確認したうえで、復帰準備の不足部分を指摘し、復帰に向けた復帰準備を仕切り直して、事態を好転させる。
（ケース２－面接②）

５．復帰判定予備面接時点

復帰基準を再確認したうえで、復帰準備が業務基準および労務基準を満たしているかどうか確認し、復帰検討期へ移行できるか判断する。（ケース４－面接②）

６．復帰判定時点

復帰基準を再確認したうえで、関係者全員が復帰に関して支障はないと判断しているかについて、慎重に確認する。
（ケース５－面接②）

７．再療養時点

通常勤務ができているとはいえない状況を指摘し、速やかな再療養を目指す。（ケース５－面接③）

以上から、**実は面接における最重要ポイントは、とにもかくにも「復帰基準の確認」である**ことが理解できよう。一見、しつこいように感じるかもしれないが、実際にはこれぐらいでちょうどよい塩梅なのである。

　なお、この段階で気をつけておきたいポイントとしては、「主治医に対して、どのような配慮が必要であるか確認する」というように、**社外の判断（つまり自分たちの裁量外）に依存しないと次の対応が決められない状態を避けること**だ。そうではなく、例えば、「主治医が特別な条件無しで『通常勤務可能』と判断すれば通常勤務を行う、それ以外であれば療養に専念してもらう」というような二択のロジックにしておく。このように外部の判断結果に対して、自動的に二択のうち、一方が選択されるようなロジックであれば問題ない。

⑵　伝えたいメッセージを決めて、シナリオ案を作成する

　面接の目的に照らして、どのようなメッセージを組織として本人に伝えるかを決める。

　ここでのポイントは、**1回の面接にあまり多くのメッセージを詰め込まないこと**である。経験上、2～3メッセージを丁寧に（表現を変えて、繰り返し）伝えると、面接時間として30分～1時間程度となりちょうどよい。時間もメッセージ数も、これを超えると本人は吸収しきれず、メッセージが適切に伝わらないことが想定される。より多くのメッセージを伝える必要があれば、面接を複数回に分けて実施することをお勧めする[62]。

62）ケース4は、一部のメッセージに絞って面接を実施している。

以下に、想定される面接シーン別のメッセージ例を整理しておく。

1．療養導入時

（ケース1－面接①）
・現状は通常勤務できているとは言い難く、会社としては認められないこと
・通常勤務するか、療養に専念するか選ぶ
・通常勤務するのであれば、次に問題があった場合には療養を前提として、面接を実施することを約束してもらう

（ケース3－面接①）
・現状は通常勤務できているとは言い難く、会社としては認められないこと
・適切に通常勤務をするよう指導するが、誠実に業務遂行しようとしてもできない状態なのであれば療養を勧奨する

（ケース1－面接②、ケース3－面接②）
・前回の面接で指摘した問題点が改善されていないことの確認
・会社としては病状の悪化が背景にあることを懸念せざるをえず、療養に専念してほしいと考えていること
・もし病状の悪化が背景にないとの考えなのであれば、懲戒処分対象となる事象として検討せざるをえないこと

（ケース5－面接①）
・会社としては現状を一切許容できないため、直ちに療養に専念してほしいと考えていること
・療養に専念する場合は、寮からはいったん退去してもらい、実家に戻ることを強く勧める
・療養・復帰準備状況報告書を週に1回提出すること

2. 療養開始時点

（ケース2－面接①）

・復帰基準に関する説明

・異動希望に対する対応（原職復帰の原則の説明）

・今後の手続きに関する説明

3. 復帰準備時点

（ケース4－面接①）

・原職復帰の原則に関する説明

・パワハラに関する対応と復帰に向けた対応は分けて考えること

・療養専念期あるいは復帰準備期の手順の説明

4. 復帰準備膠着時点

（ケース2－面接②）

・復帰基準の再確認（特に原職復帰の原則）

・未完了の復帰準備項目があり、復帰可能とは判断できないこと

・復帰準備の残された課題について、認識してもらう

5. 復帰判定予備面接時点

（ケース4－面接②）

・復帰基準の再確認

・復帰準備完了確認シートに基づき、復帰準備の状況を確認する

・復帰検討期へ移行できる場合、今後の手続きについて説明する

6. 復帰判定時点

（ケース5－面接②）

・復帰基準を満たしているかどうかについて具体的に確認する

・再療養のための要件について、説明する

・自傷行為を二度と行わないことを確認する

7. 再療養時点
（ケース5－面接③）
・ストップ要件に該当したことを確認する
・再度療養に専念することを強く勧奨する

　続いて、全体の構成に合わせてシナリオ案を作成する。テンプレートは以下のとおりである。具体例は本書の各ケースを参照していただきたい。

【全体の構成】
①導入：冒頭挨拶、面接の目的説明
②現状の確認：療養段階に関する経緯や、休職期間満了日の通知
③伝えたいメッセージ部分
④質疑応答
⑤今後の手続き

---

(3)　複数の目でシナリオ案を添削する（外部専門家を含む）

　作成したシナリオ案を複数名で添削する。**作成者以外の視点から添削することで違った見え方をすることがあるので、このステップは省略しないでほしい。**必要に応じて、弁護士など外部からの助言や添削も有用となる。特に、以下の点に注意して添削すると良い。

①　言い足りないこと、言い過ぎることがないか

　シナリオ案では、いうべきことは多少表現が荒くても構わないので、必ず含めておく。一方で、添削時点では言い過ぎている点がないかに注意するとよい。近年では、本人が面接の場にICレコーダーなどを持ち込んでいる可能性は常に念頭においておくべきである。

そのため後から聞いてみたときに、問題となるような内容が含まれていないかを確認する必要がある。しかしながら、伝えるべきことはしっかりと伝えなければ、面接の意味がない（その意味で、これまでの面談では、「言い足りない」ことが、ほとんどであったと思われる）。多少、行ったり来たりしても、添削過程でほどよい落としどころに収まってくる。

　外部専門家、特に弁護士の確認を経ることにより、万が一紛争になったとき、結果に重大な影響を与える内容を想定することができ、会社の裁量として「言って差し支えない」妥当なメッセージに仕上がる。

②　一貫性が取れているか

　以前の面接や書類のやり取りで伝えてきたメッセージや、面接全体での一貫性を確認する。

　よくあるケースが、本人へ低評価に対するフィードバックを行う際に躊躇してしまい、実際には相当とはいえないようなプラス面の評価も加えて伝えようとするというものがある（○○は不十分ですが、△△はよくできています）。心情的には理解できるが、これでは本人側に正しいメッセージが伝わらない。面接全体のメッセージと実際の個別の発言内容に齟齬が生じないようにすることを意識したい。

③　想定される本人の発言に対する準備

　会社の説明に対して本人が異議を唱えたり、別の希望を述べたりすることが想定されるケースもある。シナリオ案を作成し添削した段階で、**想定される内容に対して事前に準備しておく**と良い。

　もし想定していない質問や希望があった場合には「ただちには回答できないので、持ち帰って後ほど書面で回答します」とすれば十

分である。面接の場で全てに答える必要はない。社内会議でも、その場では答えられない指摘をされたときに、後日回答するのと同じである。

(4)　発言内容の割り振りを行う

　シナリオ案を準備した後、**出席者が一人二役にならないように分かりやすい役割分担を行う**。例えば、「課長＝厳格な説明をする役」、「担当者＝制度について事務的に説明する役」、「保健師＝本人に少し寄り添いながらも、別の観点からメッセージを伝える役」といったイメージである。

　注意点としては、役割分担はこれまでの面接とも整合性を取っておく必要がある。要するに、前回の面接で優しい役を担った人が次の面接で厳しい役を行うと、本人が混乱してしまう。

表2　面接における役割分担の「あるべき」形

人事課長	組織としての大きな方針について言及する役
人事担当者	ルール遵守について確認をする役 制度に沿い、逸脱のない発言をする役
上司	職場での業務遂行について、同僚への過度の負担についても加味して言及・確認する役
産業医	使用者および労働者の中立の立場にたち、医学的な判断に限局して発言する役

column.13　産業医・保健師の役割を明確にする

　　あるべき論は、前述のとおりでもちろん正しいのだけれども、実現するためには、すべての関係者に相応のスキルを要求する。

　　これまでの「面談」形式であっても、事前に簡単な打ち合わせはしていたことであろう。その中で、スキルの高い関係者が低い関係者をカバーする形で、どうにかこうにかやってきたものと思われる。一般的には、対応してきた経験数からいって、産業医が高いスキルを有しているケースが多い。そのため、産業医が「他の同僚との公平性の観点からも、それは特別扱いであって、産業医学的にも妥当といえる配慮ではないと考えます」といった労務管理的な発言を行い、役割が入れ替わってしまっていた。面接シナリオを作成し、この発言は産業医ではなく、人事担当者に割り振りしなおすことで、ある意味「あるべき」形には近づく。

　　しかしながら、これも行き過ぎると、人事による恣意的な結論への誘導に負の意味で寄与しかねない。そこで、「あるべき」形とは少し違ってくるかもしれないが、「あってもよい」一つの形について、さらに検討してみたい。

　　第一章の面接シナリオを参照すれば、いわゆる「ベテラン産業医」が苦慮しながら発言してきた内容が含まれていることが分かる。そこで前述の（５）の段階における事前確認において、この内容を協議の題材とすることで、人事担当者と産業医が結論に至る共通認識を構築することができる。そして、当日の面接においては、誰も言及しなければ本人が希望していたであろう、復帰時異動や軽減勤務について、産業医から先に言及してしまうのである。もちろん、事前に確認しているシナリオどおりに、人事担当者がその意見について制度上受け入れられない

ことを回答する[63]。これにより第二節における面接シナリオ作成のメリットで説明した、産業医機能の強化[64]を実現できる。

表2の別パターン　面接における役割分担の「あってもよい」一つの形

人事課長	威厳をもって少し厳しい発言をする役
人事担当者	産業医の主治医意見代弁に対して、制度上受け入れられないことを回答する役
上司	職場で勝手に業務軽減などしてはいけないことについて人事から注意を受ける役
産業医	主治医意見の理解できる点について言及し、本人の立場を代弁する
保健師	本人・家族に寄り添った発言をする役

---

63) この産業医の役割は、いわゆる働き方改革関連法により強化が求められた「産業医の中立性」に反するものではない（労働安全衛生法13条3項参照）。産業医は、職場に対する理解を背景に、必要な医学知識に基づいて主治医見解を読み解き、労働者に代わり主治医の意見が労働契約上どう評価されるのかを尋ねるということだからである。

64) 125ページを参照のこと。

⑸　発言予定者に自らの発言を確認してもらう

　(1)から(4)の手順は人事担当者が進めることを想定している。そのため、**これまで関与していない人事課長や上司、産業医・保健師には、自らの発言予定内容を確認してもらい、もし気になる点があれば事前に修正してもらう**。もちろん、弁護士等による添削を済ませたものであることも伝えるとよい（修正した箇所については、再度添削を実施する）。

　なお、シナリオは業務上作成されたものであるから、会社からの指示とみなせば一種の業務命令、あるいは「遂行されるべき業務の具体的内容」となる。よって、この**手順まで完了した後において、面接の場でシナリオと異なる発言をすることは、わずかであっても会社の業務命令に対する違反行為とも捉えられる**。上司による逸脱発言は比較的頻繁に発生するので、そのような行為は事後厳しく指摘されうることを、あらかじめ関係者間で共有しておく。

第四節　面接シナリオ作成の実際

　もっとも簡単な手順は、シナリオ作成経験のある者から、OJT を受けながら作成を繰り返していくことであろう。また、前節で説明したように、何はともあれ人事担当者でも産業保健職でもいいので、誰かがドラフトを書いてみて複数名でブラッシュアップしていけば、それなりの水準のシナリオが仕上がってくるとも思う。しかしながら、いずれの方法もなかなかハードルが高い。せっかく「面接シナリオの意義」が腹落ちしても、実践への障壁が残ったままでは少々残念である。そこで、本書を読んでいざ作成に取り組む場合の「実際」について言及する。

　まずは、「まねる」ところからはじめてみよう。ケース１からケース６のシナリオ本編は、労働新聞社のホームページからダウンロードできるように用意した[65]。**目の前の事案に似たシナリオを選択して、場面設定や個別の状況などに関する部分を修正することで、それなりに整合するシナリオに加工することができるはずだ。**

　修正する際には、最初から書き加えてもよいが、同様にこれまで私たちが蓄積してきた「シナリオ・パーツ集」を用いると、パラグラフ単位で比較的容易に組み替えて作成することができると思う。シナリオ本編と同様にダウンロードできるようにしたので、いろいろなパーツに目を通してほしい。パーツを見るだけでも、「あ、こういうときに使えそう」というイメージは持てるはずである。そのイメージを記憶しておき、シナリオ修正のときに、役立てることができると思う。

　あとは実践あるのみである。私もいまや研修会や講演会は、何の

65）https://www.rodo.co.jp/download/1622.zip

苦労もなく担当できるようになった。しかし、「最初」は誰にでも あるもので、そのとき私は、恩師にコツを尋ねたことを記憶してい る。回答は、「数をこなしなさい」であった。最初のハードルを越 えようとしているのに、数をこなした後にならないと効き目のない、 アドバイスであってアドバイスでない禅問答のようなところもあっ たが、今思えば十分に背中を押してくれたように思う。

　別の言い方をすれば、私がときどきいっている表現だが、「だま されたと思ってやってみて」ほしい。きっと、４〜５編のシナリオ を「まねた」あたりから、作成ペースが一気にあがる。そこからは シナリオなしで「面談」していた自分にもう戻れないという境地に 達するだろう。

高尾メソッド総論

第三章では、高尾メソッドの基本的な考え方を、理論部分と手順と様式部分に分けて解説する。

○冒頭でも紹介したが、この考え方は拙著「健康管理は社員自身にやらせなさい」にて理論的に整理したものである。その後、多くの企業や自治体で導入支援を進めてきたため、最近ではそれなりに受け入れられるようになってきたと感じているところである。

○考え方そのものは当初からほとんど変わっていない自負があるが、一方で理論を具現化した「手順と様式」は、すでに5年間が経過しており、その間の相談対応や運用を経て洗練されてきた。そのため本章の内容は、基本といいつつも最新版にアップデートされているので、業務的健康管理をよくご存じの方も、ぜひご確認いただきたい。

○「理論」、「手順と様式」に加えて、「面接シナリオによる運用」が定着することで、これまで属人的な面が否定できなかったメンタル対応が、真に標準的といえる水準に到達できる。これにより、人事担当者の異動等があっても、水準を落とすことなく、安定継続的に対応できる基盤ができあがるだろう。

第一節　理論編

1．二つの健康管理

⑴　大原則　職場は働く場所である

　私たちは、「職場は働く場所である」という大原則に基づき、職場における様々な事象を考える。そもそも、**会社と労働者との関係の根底には、労働契約がある**。労働契約は労働者側の労務提供義務と、会社側の賃金支払義務を基本とした、両者が義務を負う契約である。より厳密にいえば、会社は労働者に対して、賃金を支払うかわりに労働契約に定められたとおりに、適切な労務提供を求める。つまり、労働者は労務提供をするために職場に来ているのである。

図1　労働契約の概念図

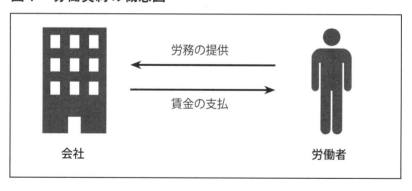

⑵　医療的健康管理と業務的健康管理の比較

　大原則を元に整理すると、職場には**医療的な健康管理ともいえる、医療の考えに基づく福利厚生的な健康管理**と、**ビジネスの考えに基**

づく業務運営のための、いわば**業務的な健康管理**の二種類の健康管理が存在する。

　会社は突き詰めれば利潤追求を目的とした組織である。そこで行われる健康管理である以上、福利厚生だけで構成されることはありえない。大なり小なり業務運営にかかる側面が付随してくる。また業務的な考え方と医療的な考え方との間にコンフリクトが生じた場合、業務的な考え方が優先されることも避けられない。加えて、「福利厚生」は本質的には従業員の希望に基づくものであり、会社が命令するものではない。つまり、従業員に選択権がある方法で、会社が健康を管理することは難しい。

表1　二つの健康管理[66]

業務的健康管理	**医療的**健康管理
就業に支障の無い労働力の確保 "全体最適化"	個人の健康増進・疾病予防 "部分的最適化"（周囲の負担は当然）
担い手：人事担当者 （産業医・保健職は助言）	担い手：医療の専門家 （上司・人事担当者には難しい）
事業者はやらなくてはならない （労働安全衛生法　他）	やらないよりやった方がよい （やってもよい、やらなくてもよい）
命令に基づく 労働者もやらなくてはならない	支援（個人の希望に基づく） あくまでも「福利厚生」を超えない

　例として、重篤な疾病を抱えた従業員が就業継続を希望しているケースを検討してみよう。

　医療的な考え方に基づけば、その従業員のことを第一に考える。仮にその従業員の支援のために、同僚に余分な労力が必要となり、

66）高尾総司「健康管理は社員自身にやらせなさい」10ページ（保健文化社）。

結果として部署や会社全体の生産性が下がるとしても、当該従業員のためには仕方ないと考える。あくまで個人の希望を叶えるための支援であり、部分最適化が発生している。また重篤な疾病であるために、職場でも医療的な管理が必要となる可能性があり、医療の専門家である産業医や保健師が実施主体を担わざるをえないことになる。

　一方で、業務的な考え方に基づけば、かなり対応は変わってくる。仮に出社したいという希望があっても、あくまで職場のルールの範囲内で、できるかどうかを判断する。またそもそも完全な労務提供がえられない場合には、出社を認める必要もない。安全配慮義務の観点からも、不完全な労務提供の受領はお勧めできない[67]。もちろん、例えば企業イメージのアップなどにつながり、周囲の負担を上回るメリットが想定されるのであれば、表面的には出社の希望を叶えているように見えることもあるかもしれないが、それはあくまで業務的な考えの結果に過ぎない。またこれらの判断は、あくまで労務管理でありビジネス的な観点からの判断になるので、担い手は産業医や保健師ではなく、人事担当者となる。

　この整理は、いわゆる「疾病性」と「事例性」の関係に近い点もある。疾病性とは、「幻聴がある」「被害妄想がある」「統合失調症が疑われる」など症状や病名に関することで、精神科領域の専門家が判断する領域である。一方で、事例性とは、「上司の命令に従わない」「勤務状況が悪い」「仕事がいいかげんだ」「周囲とのトラブルが多い」などの客観的事実を指す[68]。大事な点は、会社の判断は原則的に事例性にもとづいて行い、疾病性については、療養の必要性の判断のみに限局することである。もっといえば、業務的健康管理と医療

67）83 ページ参照のこと。
68）こころの健康シリーズⅣ　職場のメンタルヘルス　「No.1　職場のメンタルヘルス活動の実際」公益財団法人日本精神衛生会。

的健康管理を、場面の都合にあわせて選択的に適用するようなことはあってはならない。

2．大原則と三原則

　業務的健康管理を実際にどのように実施するかを考えることで、次の三つの原則を導き出すことができる。

第一原則　通常勤務できているかで判断する

　まずは様々な問題を契約上予定された労務提供がえられているか（＝通常勤務できているか）という観点で整理する。

　一般的に疾病が背景にある不完全労務提供に対しては、病気にフォーカスした対応をとってしまいがちである。しかしそれは、前述した医療的健康管理に基づく対応であり、医学的には素人である人事担当者が、病気にフォーカスしながら問題解決に至ることは難しい。それどころか場合によっては、対応の遅れや判断の誤りにより、問題解決から遠ざかるようなことにもなりかねない。

　一方で、業務的健康管理では、労務管理の観点から問題をとらえる。これは日頃の人事や上司として行っている慣れ親しんだ対応と何ら変わらず、人事や上司のスキルをそのまま活かして十分に対応可能な方法である。なお、通常勤務とは以下の状態を指す。

```
┌─────────────────────────────────────────────────────────┐
│  【通常勤務とは】                                          │
│                                                           │
│  業務面   業務遂行に関して、業務効率・質・生産性といった    │
│           観点に問題がない                                 │
│                                                           │
│  勤怠面   就業態度、勤怠に関して、職場のルールである        │
│           就業規則や服務規程を守っている                   │
│                                                           │
│  健康面   「健康上の問題」69) はないし、                    │
│           業務遂行によって「健康上の問題」は生じない        │
│                                                           │
│  これらすべてを満たしていることを、通常勤務できている状態   │
│  とする。                                                  │
└─────────────────────────────────────────────────────────┘
```

第二原則　通常勤務できていないと判断した場合には、休ませる

　職場におけるルールである就業規則では、勤怠が乱れることや服務規程を逸脱すること、あるいは懲戒処分となりうる行為をすることは、たとえ疾病を理由としたものであっても、もちろん認められていない。要するに、「私傷病が理由であれば、遅刻や早退、欠勤が認められる」「私傷病が理由であれば、職場にて大声で怒鳴り、会社の備品を乱暴に扱ってもかまわない」「私傷病が理由であれば、上司や同僚に対して、非協力的な言動も許される」などとは、規定されているはずがない。**唯一疾病を正当な理由とすることが認められているのは、病気欠勤や病気休職など、労務提供を完全に免除する措置のみである。**

　そのため、業務的健康管理に基づいて考えると、適切な労務提供

---

69)「健康上の問題」とは、一般的な意味での健康問題を指すのではなく、病気などを理由として、業務遂行に支障がある状態のことを指している。

がえられない場合に、それが疾病を理由としたものであれば、療養のために一定期間休んでもらうという選択肢以外には至ることがない。また、これを復帰時点に当てはめると、通常勤務に支障があるなら療養を継続するということになる。

第三原則　配慮付き通常勤務は慎重に限定的に行う

仮に一時的に第二原則の適用を保留し、「配慮付き」通常勤務を許容するとしても、その判断は慎重に行う必要がある。

具体的には、まず配慮内容としては、あくまで通常勤務の範囲を大きく逸脱しない形で時間外労働の免除のみが妥当である。これを超えた勤務時間の短縮や、（一部）業務免除は、もはや通常勤務とは言い難く、第二原則を適用して療養に専念させるほかない。加えて、就業継続条件も精緻に設定する。健康状態が改善一方向であるという関係者（本人、家族、上司、人事、主治医、産業医）の共通認識と、通常勤務を継続させても健康状態が悪化しないという医師の担保のもとで、ごく短期間（最長２週間程度）かつ１回のみ実施する。この条件を満たせない場合や、配慮付き通常勤務実施中または配慮解除後に問題が再発・悪化する場合には、第二原則を適用して、速やかに療養に専念させることになる。

なお、これらの諸条件は、配慮付き通常勤務を実施する前に、面接の場で適切に説明・通知し、再療養条件の詳細も含めて関係者間の共通認識としておくべきである。

図2　大原則と三原則 [70]

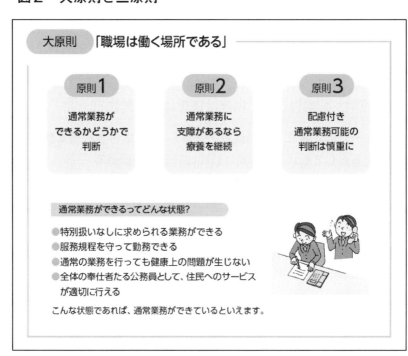

3．復帰基準

　業務的健康管理に基づき復帰基準を考えると、単に「働けること」ではなく、**労働契約に基づく債務の本旨に沿った、完全な労務提供ができること**となる。なお完全な労務提供とは、先ほど示した通常勤務と同義といえる。これも三つの基準から整理する。

①　業務基準

　業務基準は、原職場の職務を、職位相当に遂行できることである。より具体的には、業務遂行に関して、事業運営上必要とされる部

70）高尾総司（監修）「職場復帰支援」7ページ（地方公務員安全衛生推進協会）。

署で、必要とされる業務を必要とされる水準で行うことが求められる。様々な部署への異動の可能性がある正社員、あるいは勤務地や職務内容が限定されている非正規社員など、属性が異なる従業員が会社には存在するが、**元の職場、元の職位、元の職務への復帰が原則である**[71]。**短時間勤務の配慮や復帰時の異動は、完全な労務提供の考え方には整合しないため行わない。**

図3　多面的な復帰基準 [72]

◆職場復帰の基準を決めておく

　職場復帰支援の仕組みを決めるにあたり、最も大切なことは復帰可能かをどう判断するのか、どのような場合に再療養が必要となるのか、その基準をあらかじめ決めておくことです。

　基準を明確化して規程に定めるなど、職場全体で共通認識としておくことで、実際に判断の場面に直面したときに、担当者によって判断がぶれることを防ぐことができます。

　業務基準、労務基準、健康基準の3つについて、具体的に職場としての基準を定めておきましょう。

業務基準
どんな業務に就くか？

労務基準
どのように就業するか？

健康基準
健康上のリスクは？

71）例外は、元の職場、元の職位、元の職務が無くなった場合のみである。
72）前掲70）8ページ。

② 労務基準

　労務基準は、原職場の職務を遂行するにあたり、服務規程を遵守でき就業態度に問題がないことである。

　労務管理の観点から、他の従業員と同じく定時勤務を所定労働日数について行うことが求められる。勤務時間の短縮や遅刻・早退・欠勤などの勤怠上の乱れは、完全な労務提供とはみなせない。

③ 健康基準

　健康基準は、健康状態を理由に業務遂行ができないことがないこと、かつ業務遂行によって健康状態が悪化することがないことである。

　この基準は一般的であるが、ここで重要なのは、健康基準は復帰基準のあくまで一側面にすぎないと考えることである。

図4　復帰に関する三つの基準 [73)]

業務基準
●元の職場で以前と同じ仕事ができるまでに回復しているかで判断。

業務基準設定のポイント
●原則として、元の職場、職位、職務への復帰とする
●復帰後の業務効率・質・量が、職位相当8割以上で、2か月以内に職位相当に回復すること
●業務内容を職位相当未満とする質的軽減勤務は行わない

労務基準
●服務規程どおり働けるまでに回復しているかどうかで判断。

労務基準設定のポイント
●業務基準を満たした職務内容で、服務規程に定められたとおりに定時勤務でき、就業態度にも問題がないこと

健康基準
●仕事を続けても、健康な状態を保っていられるかどうかで判断。

健康基準設定のポイント
●健康上の問題による業務への支障、及び業務による健康上の問題が発生するリスクがないこと

　続いて、これらの三つの基準について、最終的に誰が判断するか考えてみる。イメージしやすい例えとして採用場面を考えると、採用には会社が定めた基準があり、それを満たすと合格と判断されることが一般的である。多くの場合は、主として業務面に関してスキ

73）前掲70）8〜9ページ。

ルや経験が十分かという判断をされるが、副次的には勤怠面は大丈夫か、健康面は問題ないかについても確認される。そしてこの三つの基準に関して、ほとんどの場合採用担当者である人事や上司が、様々な質問を通して評価し、判断している。逆に、本人が主治医意見書を面接に持参してきて、「採用可能、求められる業務を行っても健康上問題ない」と書かれていた場合に、その意見書をだけをもって、採用を決定するようなことがあるだろうか。医師の意見により応募者の業務能力評価を代用することはありえないだろう。

　要するに、主治医は職場の事情や本人の働き方などを十分に把握することができない以上、業務基準や労務基準に言及しえないし、たとえ産業医であっても両基準に関して直接意見をすることはしっくりこない面もある。主治医や産業医が自信をもって判断できるのは、当該従業員を働かせても問題ないかという点に限られる。より明確にいえば「働かせると病状が悪くなるから、働かせないほうがよい」、つまりドクターストップするかどうかという判断だ。そうであるならば、業務基準と労務基準は、会社側の人事や上司が主体的に判断せざるをえない。もちろん何の資料もない中で判断することは難しい。そのため、次節で紹介する手順と様式を活用していただき、十分な判断材料を揃えたうえで判断することをお勧めする。

表2　復帰基準の判断者と判断材料

基準	判断者	判断材料
業務基準	上司（＋人事）	療養・復帰準備状況報告書、復帰準備完了確認シート、面接時の本人の発言内容など
労務基準	人事	
健康基準	主治医・産業医	受診時、面接時の様子など

第二節　手順と様式

1．復帰までのプロセス

　高尾メソッドでは、以下のように療養段階を順番に進めていくことで、復帰基準を満たしているか慎重に判断する。

表3　療養の流れ

	概要	手続き・様式
療養開始時	第一原則、第二原則により、療養開始	療養申請＋診断書など
療養専念期	主治医の指示に従って療養に専念する期間	療養・復帰準備状況報告書（療養段階確認シート）
復帰準備期	復帰基準を満たせるように復帰準備を進める期間	療養・復帰準備状況報告書
復帰判定予備面接	復帰準備が完了したことを確認するための面接	復帰準備完了確認シート
復帰検討期	復帰基準を満たしているかどうか具体的に判断する期間	療養・復帰準備状況報告書復帰申請＋主治医意見書
復帰支援期	復帰後一定の配慮を行う期間	業務評価票労務評価票

　多くの会社で参照されているであろう「改訂　心の健康問題により休業した労働者の職場復帰支援の手引き（以下、手引き）」[74] との大きな違いは、手引きの＜第1ステップ＞「病気休業開始及び休

74）厚生労働省「改訂　心の健康問題により休業した労働者の職場復帰支援の手引き」2013。

業中のケア」と、＜第２ステップ＞「主治医による職場復帰可能の
判断」の間に、「復帰準備期」という段階と、復帰準備が完了した
ことを確認する「復帰判定予備面接」という判断の機会を、設定し
ている点である。これらを左図の中にステップ1.5として追加して、
手引きに整合させることもできるが、よりシンプルには、**手引きに
おけるステップ２とステップ３を入れ替えると考えていただいても
よい。**職場側の予備判定や「復帰プラン」[75]を前提に、復帰の可否
を判断するほうが主治医としてもやりやすいのではないだろうか。

図5【参考】職場復帰支援の流れ（手引き）（左）と提案（右）[76]

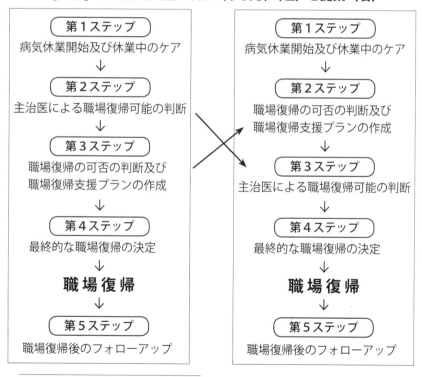

75）復帰支援プランというと、どうしても業務の肩代わり的な「支援」に結び付きがちであり、
　あえて就業条件としての側面に焦点をあて「復帰プラン」と呼ぶことを推奨する。
76）前掲74）１ページ。

　前述のとおり、職場の復帰基準は、業務基準・労務基準・健康基準の三つの基準から、それぞれについて、上司・人事・主治医および産業医が主体となって判断においても役割分担をするとよい。この点は、手引きにも「主治医による診断は、日常生活における病状の回復程度によって職場復帰の可能性を判断していることが多く、必ずしも職場で求められる業務遂行能力まで回復しているとの判断とは限りません。このため、主治医の判断と職場で必要とされる業務遂行能力の内容等について、産業医等が精査したうえで採るべき対応を判断し、意見を述べることが重要」[77]とある。

　産業医が中心的役割を担って対応できる体制がある会社においては、手引きどおりの運用でも構わないが、記載どおり「判断し、意見を述べる」というよりは、あくまでも「事業者が最終的な復帰可否判断を根拠に基づいて行えるように、意見を述べる」調整役といった役どころといった方がしっくりくる。一方で、産業医の選任義務のない事業所や、嘱託産業医に今以上の業務を期待することが難しい事業所において、手引きどおりの運用は容易ではない。そのため、これから解説する手順と様式を活用し、人事と上司が主体的に判断するとよい。

　続いて、療養の各段階について解説する。

(1)　療養専念期

　主治医の指示に従って療養に専念する期間である。生活リズムを整え体力を回復することを目的とし、少なくとも1カ月間を想定する。

77）前掲74）2ページ。

なお、療養開始時点から復帰するまでの間[78]は、後述する「療養・復帰準備状況報告書」の提出を毎週求める。本報告書について少なくとも4回連続期日を守り、かつ記載内容を伴って提出ができた時点で、次の復帰準備期へ移行したものと判断してよい。もし判断に不安が残る場合や、本人との共通認識を構築できていない場合には、オプション様式である「療養段階確認シート」を用いてどちらの段階にあるか判断の助けとすることも可能である。また、次の復帰準備期に移行した後でも、状況が良くない場合には、再度療養専念期に戻ってもかまわないことにしている。

表4　次の段階への移行の判断

療養専念期 →復帰準備期	療養・復帰準備状況報告書が4回連続、 期日を守って内容を伴って報告できた場合
復帰準備期 →復帰検討期	復帰準備が完了したことが確認でき、 復帰判定予備面接に合格した場合
復帰検討期 →正式復帰	復帰基準を満たしたことが確認できた場合

⑵　復帰準備期

　復帰基準を満たせるように復帰準備を進める期間である。高尾メソッドでは、復帰基準にあるとおり復帰時点から通常勤務をさせることになるので、この段階は極めて重要となる。通常は1カ月以上を想定する。

　従来は復帰基準のハードルを労働契約で求められる水準以下に「下げて」、本人の希望に基づきあまりにも早期に復帰を認めてきたといえる。例えば、「病状が一定程度安定し、生活リズムが整い、

---

[78] 病気欠勤・休職等に関わらず、より厳密にいえばたとえ有給休暇消化中であっても、私傷病により勤務を欠いていることを把握しているのであれば、報告を求める。

日常生活は滞りなく送れ、体力づくりができ、職場に出勤くらいはできる段階」、いわば治療が一段落した水準で、軽減勤務を行いつつ、これまでは復帰させていたのではないだろうか。しかし本来職場で求められるのは、労働契約に基づく完全な労務提供である。職場に出勤するだけでは不十分で、定時勤務を業務の質を伴った形で行わなければならない。そのため、**一般的な治療ゴールの水準から、完全な労務提供ができる水準になるまで、復帰に向けた準備を進める必要がある。復帰準備期はそのための期間である。**

　なお、復帰を考える際に、休職に至った私傷病は、「労働者の自己の責めに帰すべき事由である以上、その原因が消滅したことについても労働者の側に証明する責任がある」[79] という考え方は極めて重要である。要するに、根拠の伴わない復帰したいという希望と主治医診断書に対して、復帰時期尚早であることを、会社が証明しなければならないわけではない。復帰基準を満たしていることが分かるように、労働者が主体的に復帰準備を進め、その内容を報告する必要があり、会社としては、労働者からの復帰準備が完了したという申し出や報告に基づき、休職事由が消滅したと言えるかどうかを判断すればよいのだ。

図6　休職事由の消滅判断

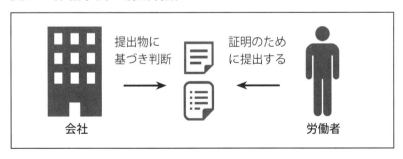

79）「就業規則の法律実務（第4版）」278 ページ、石嵜信憲、中央経済社、2016。

【復帰判定予備面接】

　復帰準備が完了した、完了しつつあると共通認識に至った時点で、「復帰準備完了確認シート」の提出を指示し、内容に問題がなければ復帰判定予備面接を実施する。

　この面接では、「療養・復帰準備状況報告書」や「復帰準備完了確認シート」の内容に基づき、**復帰基準のうち、業務基準・労務基準を満たせているかどうかを確認する。**前述したとおり、これらの基準について主治医や産業医といった医者に尋ねる（委ねる）のではなく、人事や上司が主体的に判断することが重要である。

　なお、この段階までは書面によるやり取りが中心となる。そのため、まだ復帰準備が完了していないにもかかわらず、本人が多少背伸びして、復帰準備が完了したと主張すること自体は可能である。一方で書面上の本人の報告だけをもって、会社として復帰準備が完了したと簡単に判断してしまうわけにはいかない。

　この点も先に例に挙げた、採用時の面接を考えれば分かりやすい。採用時面接でも、応募者から提出された書類（履歴書や職務経歴書など）だけで、採用可否を判断するはずがない。面接では応募書類をもとに、様々な質問を行い、応募者の能力が自社の採用基準を満たしているかどうかを評価するだろう。これと同じように、**復帰判定予備面接においても本人が提出してきた書類をもとに、さらに具体的な質問を行い、復帰準備が完了したかどうかの評価や懸念点の払拭を目指す。**

　予備面接にて、復帰準備が完了し、業務基準および労務基準において復帰基準を満たせそうだと判断できた場合、次の復帰検討期へ移行する。もし復帰準備が完了していると判断できなかった場合には、復帰準備の継続を指示することになる。

＜復帰判定予備面接で確認すること＞

以下のポイントについて、具体的にどのような復帰準備を進めてきたのか、説明を求め、納得できるかどうかで判断する。

☑　復職した後は、職位相当の業務遂行ができるか

☑　就業規則や服務規程など、職場のルールを守って、
　　就業することができるか

☑　療養・復帰準備状況報告書や復帰準備完了確認シートにおける、懸念点の確認

☑　療養開始前に問題となっていた事象に関して、
　　客観的に理解可能な再発防止策を講じているといえるか

(3)　復帰検討期

　復帰基準を満たしていることを慎重に具体的に判断する期間である。手順どおりに順調に進めることができれば、2週間程度で十分であろう。

　この段階では、主治医および産業医による健康基準に対する意見を取得し、最終的に復帰判定を行う。なお、主治医の意見については、後述する「主治医意見書」の様式をそのまま用いることを勧める。

　復帰可能だと判断した後は、いよいよ復帰を発令することになるが、その際に**重要となるのは、いわゆる「ストップ要件」と呼んでいる、再療養の条件を定めておくことである**。つまり、復帰後に原疾患の再増悪が否定できない状況になった場合に、速やかに再療養導入するための条件を設定し、関係者間で約束をする。

> **＜ストップ要件＞**
> 復帰後の任意の1カ月間に原疾患に起因することが否定できない遅刻・早退・欠勤、および当日連絡による休暇取得の申し出や、あるいは上司の通常の労務管理での指揮命令が困難であると判断されることが合わせて3回以上あった場合は、速やかに再療養を命じる。

　なお、**復帰日については、祝日がある週の前週の水・木曜日とする**。この日に復帰した場合、第1週は2～3日勤務、第2週は祝日があるため4日勤務となり、第3週からはじめて週5日勤務を開始することとなる。初日からフルタイム勤務をさせることとなるが、一方で、あくまでほかの従業員と同じく、通常の労務管理の範疇において、週単位でみれば段階的な負荷となるように、このような復帰日の配慮的設定を勧めている。

⑷　復帰支援期

　復帰後に定められた配慮を定められた期間行う。配慮が解除できない場合には、通常勤務とはいえないので再療養となる。

　基本的には第三原則にある、時間外労働の免除に加えて、通院への配慮を1カ月間実施する。通院への配慮とは、通常であれば日中の通院が必要で有給休暇を取得する場合、業務遂行に支障がないように引継ぎ等を行わなければならない。しかし、その引継ぎを遠慮して適切な通院への妨げとなってはいけない。そのため、当初1カ月間は引継ぎについては上司がフォローし、確実に通院をできる環境を整える。

　時間外労働の免除は、復帰後1カ月間は産業医学的配慮として無しにする。2カ月目には産業医学的配慮はなくなるが、上司による労務管理の一環で、段階的に戻していく。例えば、新入社員に対して、配属直後に36協定の上限時間までいきなり残業させないの

と同じように、あくまで通常の労務管理として、常識的な範囲で徐々に負荷をかけていく。３カ月目にはほかの社員と同水準の時間外労働を命じる。

　なお、復職後の産業医による定期的な面接は必要ないと考えている。産業医による面接が必要な状態は、通常勤務状態とは言い難いからだ。一方で、再療養が必要な状況において、産業医から再療養の説得のために面接を実施することは、場合によっては有用かつ必要だと考える。

2．主要様式の解説

　続いて、療養中から復帰過程において用いる主要様式について解説する。様式についても、シナリオと同様、労働新聞社のホームページからダウンロードできるように用意した[80]ので確認してほしい。

(1)　療養・復帰準備状況報告書

　療養期間中全体（療養開始時から復帰するまで）を通して、使用する様式である。療養状況や復帰準備の状況を把握するための書類で、手書きで作成のうえ、週１回郵送により提出を求める。

　そもそも長期の欠勤や休職は、復帰の意志があることが前提であることはいうまでもない。少なくとも客観的に、復帰する意志があることが確認できるよう療養に専念したり、復帰準備を進めたりするなどの行動は必要不可欠である。そこで、この様式の提出をもって、復帰意志の表れとしてとらえることにしている[81]。裏を返せば、この様式が提出されない場合は復帰意志がないとみなさざるを

80）https://www.rodo.co.jp/download/1622.zip
81）療養期間中に、定期的に「療養が必要」という診断書を提出させる会社は多いが、本報告書にて療養に専念していることが把握できるので、就業規則等の規程を整合させれば、診断書の提出を省略することも可能だろう。

えず、組織としては長期欠勤や休職を維持・許容するかどうかについて検討することも避けられないことになる。一方で、特に療養初期は様式の作成や提出が本人の負担になることも想定されるため、家族による代理提出やチェックをつけるだけで、詳細の記載はせずに提出することも認めている。以上の説明を療養開始時の面接にて本人や家族にしておくことで、適切な提出を促すことができる。

【療養・復帰準備状況報告書の説明】

① 家族による代理提出や、詳細記載免除での提出をする場合は、「（ご家族代理）療養に専念していますが、まだ報告はできる状態にありませんので、代理で報告します」あるいは、「（本人）療養に専念していますが、詳細な報告は負担になるかもしれないので、記述は免除をお願いします」にチェックをつけて、返送することも可能としている。

② その週の療養状況、復帰準備状況を記載する。

③ 復帰時期に関する情報は、人事や上司、そして職場の同僚がもっとも気になる部分なので、本人の考えを聞いておくとかなりよい推定値となる。

療養・復帰準備状況報告書（週1回）

所属部署：　　　　　　　　　　　　社員氏名：　　　　　　印

報告日：　　　　年　　　月　　　日

① □（ご家族代理）療養に専念していますが、
　　まだ報告はできる状態にありませんので、代理で報告します。→以下の記入は不要
- -
　□（本人）療養に専念していますが、
　　詳細な報告は負担になるかもしれないので、記述は免除をお願いします。→以下の記入は不要

　□（本人）療養を行っていますので、以下の通り状況を報告します。

　□（本人）復帰準備を行っていますので、以下の通り状況を報告します。

療養・復帰準備状況 の報告 *定められた期日通りに 報告ができなかった場合、 その理由も含めること	【具体的な療養・復帰準備状況（5W1Hを明確に記載すること）】 ②
前回報告時よりも 改善した点 について	【前回報告日】　　　　年　　　月　　　日
③ 復帰時期についての 自身の考え	1．そろそろ復帰を検討したいと考えている 　　*復帰検討を具体的に希望する場合、復帰準備完了確認シートを提出すること。 2．1カ月以上は先になると考えている 3．まだ具体的に予定としては考えていない 4．その他　（　　　　　　　　　　　　　　　　　　　　　　）
上記で1.を選択した場合、 その理由	【復帰準備がほぼ完了しつつあることの説明】
復帰に関する主治医意見 復帰に関して主治医の 先生はどのように おっしゃっていますか？ *主治医を変更した場合には 速やかに届け出ること。状況 によっては療養専念期に戻る と判断することがある。	

具体的に、復帰検討を進める希望がある場合には、以下にチェックすること。
□以上より、復帰検討をお願いします。

(2) 復帰準備完了確認シート

　復帰準備が完了したことを確認するための様式で、３～４段階評価のチェック項目が、四つのパートにまとめて構成されている。基本的には職場で求められる水準（＝復帰基準）が最も数字が大きい選択肢に相当するように構成されており、期待される水準と照らし合わせて、自分の現状を確認することもできる。復帰基準は前述のとおりである以上、このシートに問題がないといえる状態になるまでは、復帰準備がまだ完了していないと判断する。ただし、単にすべての項目の最上位に○をつければ、次のステップへ進めるというわけではない。復帰判定予備面接にて、最上位に○をつけていることが妥当かどうか、自ら適切に説明できることが重要であり、その点を意識して面接で確認する。裏を返せば、この書類ですべての項目で最上位に○をつければ、復帰判定予備面接自体は行うこととなる。

　よく寄せられる質問として「すべて最上位に○をつけられる水準というのは、厳しすぎるのでは」というものがある。ここで重要なのは、だからといって会社側から基準を下げてはいけないという点である。基準を下げるということは、復帰時に完全な労務提供でなくてもかまわないといっていることに等しく、その状態から完全な労務提供に移行できる保証はない。これまでも例に挙げたとおり、採用場面を想定してみると、応募者に対して「当社に対してどれくらい貢献する自信がありますか？」と尋ねた際に、「働いてみないと何ともいえません。求められる水準の８割くらいでしょうか」と答えた場合に、どう判断するかを考えれば自明であろう。要するに、復帰後に適切に働けるかどうかは、本人にしか述べることはできない。だからこそ、本人が自信をもって最上位に○をつけることができるまでは、復帰準備が必要なのである。

復帰準備完了確認シート（復帰準備期→復帰検討期の確認）

社員番号：　　　　　　　氏名：　　　　　　　記入日：

0. 前提（はい、または、いいえに1つだけ〇をつける）
1.復帰検討の段階へ進む主体的な意志はありますか？　　　はい　・　いいえ
2.復帰検討の段階へ進む事について、主治医は同意していますか　はい　・　いいえ
3.会社で復帰検討に関する説明を受けることが可能ですか？　はい　・　いいえ

説明希望日	第一希望：	（　　　　年　　　月　　　日）
	第二希望：	（　　　　年　　　月　　　日）

以下、チェックシートです。正直に回答する事で、就業を検討できる状態かどうかを確認します。
（会社に提出する書類であることを鑑み、修正等はビジネスの基本に習って適切に行うこと）

Ⅰ. 基本的な生活状況（あてはまる番号に1つだけ〇をつける）
(1) 起床時刻
　1：予定した時刻に起きられない事が、週に2回以上ある
　2：始業時刻に間に合うように起きられない事が、週に1回程度ある
　3：就業規則に定められた始業時間に間に合うように自分で決めた起床時刻通りに起きることができる
(2) 生活リズムおよび必要性の理解
　1：起床・就寝時刻、食事時刻・回数等の生活リズムが安定しない状態である
　2：生活リズムは規則的とまでは言えないが、自分なりの生活リズムなので特に問題としては捉えていない
　3：安定継続的な就業を実現するうえで生活リズムが重要であることを理解し、規則正しい生活を心がけ、実践できている
(3) 戸外での活動、体力
　1：毎日2時間ぐらいは外出することができる
　2：毎日半日ぐらいは外出することができる
　3：毎日朝から夕方まで外出し、行動することができる、換言すれば毎日問題なく1日8時間の労務提供を行うに足る体力がある

Ⅱ. 基本的な症状（あてはまる番号に1つだけ〇をつける）
(1) 心身の症状による日常生活への支障
　1：イライラ、やる気のなさ、頭痛、疲労感等により日常生活に支障が出ることがある
　2：イライラ、やる気のなさ、頭痛、疲労感等が時に見られるが、日常生活への支障はない
　3：イライラ、やる気のなさ、頭痛、疲労感等はなく、就業に支障を来すような症状はない
(2) 睡眠・眠気
　1：日中、頻繁に眠気や疲労感があり、ごくまれにであれ昼寝を要することがある
　2：日中、眠気はあるが、日常生活への影響は少ない
　3：日中、眠気はなく、またあったとしても就業に支障を来すようなことはない自信がある
(3) 興味・関心
　1：もともと興味・関心があったことの全部ではないが、一部に興味・関心を持っている
　2：もともと興味・感心があったことに、ほぼ興味・関心を持つか、それ以外の事柄に興味・関心を持っている
　3：もともと興味・関心があったことに加えて、それ以外の事柄にも興味・関心を持っている
(4) 社会性、他人（近所の人や知人）との交流
　1：話しかけられれば返事をするが、自分から話しかけることはない
　2：自分から話しかけるが、相手は既に知っている人に限られる
　3：初対面の人でも、必要な時は自分から話しかけることができる
(5) 再発防止への心構え
　1：再発防止について自発的に考えてはいないが、主治医や家族と話してアドバイスは受け入れる
　2：再発防止について自発的に考え、主治医や家族とよく話してアドバイスも受け入れる。自己判断で薬を中断することもない
　3：再発防止について自分の性格や仕事のやり方を振り返り、具体的な対策を主治医や家族と積極的に話し合っている
(6) 悲観的な考え
　1：死にたい気持ちがあり、自殺について具体的に考えることがある
　2：普段は死にたいと思わないが、頭のすみに自殺についての考えが残っている
　3：死は解決にならないので自殺について考えることはなく、今後そんな考えが浮かんだら速やかに専門家に相談する

Ⅲ. 仕事に関係すること（あてはまる番号に1つだけ〇をつける）
(1) 職場人間関係への準備、対人交流
　1：上司や同僚に話しかけられれば返事はできるが、自ら話しかけることに抵抗がある
　2：上司や同僚に自ら話しかけることはできるが、相手は特定の人に限られる
　3：上司や同僚に「誰に対しても」、対面・非対面のコンタクトに抵抗はなく、仕事の話に齟齬を来すことがないように努める
(2) 業務への準備
　1：仕事に戻るため、体力づくりや通勤練習をしているが、業務遂行に関する準備は具体的にしていない
　2：仕事に戻るため、業務に関する情報収集や、作業能力向上のための具体的な準備をしている
　3：仕事に戻るための業務に関する情報や作業能力の準備が完了し、体力面もふくめ、すぐにでも仕事が開始できる

(3) 集中力
1：物事に対して、集中力低下や途切れがあり、最後までやり遂げることができない
2：物事に対して、集中力低下や途切れはあるが、最後まで行うことができる
3：物事に対して、集中力低下や途切れはなく、継続して最後まで行うことができる

(4) 会社に外部からかかってきた電話への対応
1：誰からかかってきたかわからないので、取ることができないと思う
2：なるべく取りたくないが、誰もでなかったらしぶしぶ出ると思う
3：3回程度のコールで自然に取ることができる自信がある

(5) 役割行動
1：自分の役割の認識が難しく、同僚や上司の指摘・助言・指導があっても、何をしたらよいのかわからないかもしれない
2：自分の役割は認識でき、同僚や上司の指摘・助言・指導があれば、必要な行動がとれる
3：自分の役割を自ら適切に認識でき、自発的にそれに応じた行動がとれる

(6) 対処行動
1：問題が発生した時に自分だけで対応できず、上司や同僚に助言・指導を求めることもできず、問題解決できない
2：問題が発生した時、上司や同僚に助言・指導を求めることはできるが、問題を解決することができないことがある
3：問題が発生した時に自己努力をした上で、上司や同僚に助言・指導を求め、問題を解決することができる自信がある

(7) 適切な自己主張
1：依頼されたことに対して、自分の考えや気持ちは表現できないが断ることはできる
2：依頼されたことに対して、自発的に自分の考えや気持ちは表現できるが、相手との関係性を考慮できない
3：依頼されたことに対して、相手との関係性を損なうことなく、自発的に自分の考えや気持ちを表現しながら断ることができる

(8) 不快な行為に対する対処 (社外の人間からの行為を含む)
1：自分に対して不快な行為をされなくても、攻撃的な自己主張、強い非難、長々と話すなどの行為をしてしまう
2：自分が不快な行為を受けなければ、攻撃的な自己主張、強い非難、長々と話すなど、相手に不快な事はしない
3：自分が不快な行為を受けても、攻撃的な自己主張、強い非難、長々と話すなど、相手に不快な事はしない自信がある

(9) 注意や指摘への反応
1：上司や同僚からの注意や指摘を理解できるが、内省も行動変容もできない
2：上司や同僚からの注意や指摘を理解して内省できるが、行動変容まではできない
3：上司や同僚からの注意や指摘を理解して内省し、行動変容できる

(10) 業務遂行力
1：以前の仕事に戻るとして、会社から求められる水準の6割程度は達成できると思う
2：以前の仕事に戻るとして、会社から求められる水準の8割程度は達成できると思う
3：以前の仕事に戻り、会社から求められる水準を達成できる

Ⅳ. 自己管理のこと (あてはまる番号に1つだけ〇をつける)

(1) 会社や職場への感情のコントロール (この項目は「事実」の有無ではなく、本人の認識を問う)
1：「職場や会社のせい」という思いがあり、思い出すと時々気持ちが不安定になる
2：「職場や会社のせい」という思いがあったとしても、他人の意見を聞いたりして自分を振返ることができる
3：「職場や会社のせい」という思いはないか、あったとしても自分で自分を振返り気持ちを安定することができる
4：「職場や会社のせい」という思いはない

(2) ルールや秩序の遵守、協調性
1：調子が悪い時に、遅刻をしたり、会社ルール、仕事の約束を守れず迷惑をかける事は、病気なら仕方がないと思う
2：今後は、遅刻をしたり、会社ルール、仕事の約束を守れず迷惑をかける事がないように努力する
3：集団の課題を理解して業務を行い、ルールを遵守して自分勝手な行動はしないが、時々周囲に合わせることができない
4：今後は、常に集団の課題を理解して業務を行い、ルールを遵守して自分勝手な行動はしない自信がある

(3) 服薬
1：復帰後は、できるだけ早く服薬は止めたいと思っている
2：主治医や家族に言われて、服用を継続するだろう
3：飲み忘れが月に数回あるが、薬を飲むことの重要性は認識している
4：服薬を継続することの必要性を理解しており、復帰後も飲み忘れることもほとんどない自信がある

(4) 通院
1：復帰したら、できるだけ、病院には行きたくない
2：復帰後も、家族にうながされて、しぶしぶ受診するだろう
3：復帰後も、自分から受診するが、主治医とあまりよく相談できるかわからない
4：復帰後も、定期的に受診し、必要なときには臨時で受診し、相談するつもりである

出典：「厚生労働科学研究　標準化リワーク評価シート」改変 (大幅改変)

【復帰準備期】での質問はこれで終わりです。人事課まで提出 (郵送または来社) してください。

■以下の，結果の判断は本人との面接または電話での説明の時に開示することとする。

・質問の回答で1，2に複数の〇がつく場合は，【復帰検討期】へ進むにはもう少し回復が必要です。
・(ほとんど) 全ての質問の回答で3 (またはⅣについては4) に〇がつく場合は，【復帰検討期】へ進む状態です。

(人事課の判断)　準備期を継続　・　復帰検討期へ進む

(3)　主治医意見書

　健康基準について、主治医意見を確認する様式である。両面印刷で使用することを想定している。表面に復帰基準と労働契約に基づく労働条件が示されており、裏面で復帰可能か、療養の延長が望ましいかを二択で確認する。重要なことは、復帰基準や労働条件は、会社と労働者の二者間の合意に基づいて決められたもので、あくまで前提となる基準や条件に基づいて就業することについて、ドクターストップするかどうかという点のみを意見として求める。

【主治医意見書の説明】

①　本人記入欄。復帰意志や復帰の自信を記載する。

②　人事による業務に関する記載欄。例えば運転業務があり、服用薬剤に関する制限事項がある場合や、これまでの療養の過程で、何かしら問題になっていた点（例えば、特定の業務免除を本人や主治医が希望していた場合に、その業務を含む通常勤務が前提となること）は、必ず記載する。

③　主治医意見書のメインパート。ここで復帰可能か、療養の延長が望ましいか確認する。重要なことは二択で尋ねること。一般的な自由記述の診断書のように、選択肢を設けずに意見を聴いてしまう、あるいは必要配慮事項を不用意に確認してしまうと、収拾が付かなくなる。

④　③の判断根拠を記載する部分。万が一、③の意見と相違がある場合（例えば復帰可能だが、自傷の恐れがある場合）には、会社としては安全マージンを取って、療養延長が必要だと判断することをあらかじめ明示しておく。

　　　　　　　　　　　　　　　　　　　　　　　　　　　　　年　月　日

ご担当医先生

　　　　　　　　　　　　　　　　　　　　　　　　　　　　総務部人事課

　　　　　　　　主治医意見書の記入のお願いについて(依頼)

拝啓　平素は格別のご厚誼にあずかり，厚く御礼申し上げます。
　この度，当該社員が病気療養からの復帰を希望しております。弊社では，復帰判定の一資料として，
「主治医意見書」の提出を義務付けております。
　つきましては，別紙意見書への記載をお願い致します。
　なお，弊社の復帰判定基準は下記のとおりです。
　職能給制度を中心とした人事制度に基づく復帰ですので，業務の質的軽減等の措置は行わず，産業
医学的観点からの残業配慮等の措置も1ヵ月となります。
　ご多忙の折，大変恐縮ではございますが，よろしくお願い申し上げます。

　　　　　　　　　　　　　　　　　　　　　　　　　　　　　　敬　具

　　　　　　　　　　　　　　　記

【復帰判定基準】
　①業務基準…原則的に元職場・元職位・元職務への復帰とし，復帰後の業務効率・質・量等が，
　　　　　　　職位相当，最低8割以上であり*，2ヶ月以内に職位相当を達成すること。
　　　　　　　業務内容を職位相当以下とする質的軽減勤務は行わない。
　　　　　　　(*復帰基準そのものは、職位相当10割の労務提供に対して合理的な疑念がないこと)

　②労務基準…①の職務において所定勤務日かつ所定の始業終業時刻による定時勤務で，
　　　　　　　就業態度に問題がない事。
　　　　　　　復帰後において本疾患以外の特別な事情であると会社が認めた場合を除き、遅刻・早退・
　　　　　　　欠勤等により、業務に従事できないことは許容されない。これらの勤務上の問題や、
　　　　　　　当日の休暇申請については、本疾患の増悪を懸念すべき事象と判断する。
　　　　　　　産業医学的観点からの残業配慮は当初1ヶ月のみとし，それ以上の配慮の必要性が
　　　　　　　見込まれる場合は復帰を許可しない。
　　　　　　　(復帰後2ヶ月目からは、上司による労務管理的観点からの段階的負荷の配慮を行う)

　③健康基準…健康上の問題による業務への支障および業務による健康上の問題が発生リスクがない事。
　　　　　　　(関係者のそれぞれに課された役割遂行にもとづき、リスクが「最小化」されている事)

　以上，①～③を満たす状態が6ヶ月以上安定継続的に可能と見込まれる事。

　　尚，復帰後2ヶ月は状態評価期間とし，人事課が作成するプログラムによる評価を行うが，
状態が復帰基準に満たない(あるいは不安定)と人事課が判断した場合には，再療養とする。

主治医意見書（復帰時）

本人記入欄（情報提供了承サイン）　＊主治医の先生にお渡しする前に記入すること

① 社員氏名：　　　　　　　　（社員番号　　　　　　　　）

復帰について	原職（元職場・元職務・本職位）への復帰の意思・自信がありますか？　　　（はい　・　いいえ）
	職位レベル相当の仕事の質・量・効率で働く意思はありますか？　　　　　　（はい　・　いいえ）
	（職位レベル相当とは、職位に対して10割の業務水準を示す）
	健康上の理由で遅刻・早退等勤怠上の問題を生じない自信がありますか？　（はい　・　いいえ）
	（当日連絡の休暇申請など、同僚に過度の負担のかかる懸念のあるような休暇申請をしないことを含む）

人事記入欄（職務内容、職位およびその具体的期待内容に関する記載）

②

職場復帰等に関する主治医意見記入欄

③

主治医意見	□復帰判定基準に基づき復帰可能と考える　　　　復帰可能年月日：平成　　　年　　　月　　　日
	□療養の継続が望ましい

＊なお、上記の総合的な意見と下記の個別の評価について，不整合があると判断される場合については，原則として再度確認ができるまでの間については，復帰判定については保留にするものとします。

④

回復レベル	□軽快（病前8割以上）　　□改善傾向（病前8割未満）　　□症状固定回復見込み不明（　　割程度）
心身の状態	業務に影響を与える症状および薬の副作用　　　　□なし　　□あり
	＊「あり」の場合，業務上に必要な配慮内容をご記入ください。
	なお、この場合に配慮可能な内容は，あくまでも業務の一部に関するものであり，配慮しても
	職位相当10割の労務提供が可能であることを条件とします（主要業務に関して多大な配慮が必要と
	なるものを除きます。）

要確認事項			
	1. 本人の復帰希望と自信	□医学的に適切	□医学的に不適切
	2. 本人の治療コンプライアンス＊	□問題なし	□懸念あり
	3. 自傷の恐れ	□なし	□あり
	4. 週5日定時勤務	□可能	□不可能の可能性あり
	5. 2ヶ月からの残業制限解除	□可能	□不可能の可能性あり
	6. 通常勤務6ヶ月間以上の継続	□継続可能	□継続不可能の可能性あり

上記の通り証明致します。

　　　年　　　月　　　日　　　　　医療機関所在地

　　　　　　　　　　　　　　　　　医療機関名

　　　　　　　　　　　　　　　　　医師氏名　　　　　　　　　　印

＊コンプライアンスとは、主治医の先生の医学的指示に適切に従うことを意味する。

⑷ 療養段階確認シート

　最後に、オプション様式としている療養段階確認シートについて説明する。この様式は、療養段階が療養専念期にあるのか、復帰準備期にあるのかを判断し、本人との共通認識を確認するために用いる。例えば、療養専念期を相当期間経過したが復帰準備期に移行させてもよいか悩む場合や、途中から高尾メソッドを適用した事例で、現在が療養専念期なのか復帰準備期なのか判断したい場合に活用できる。

　内容的に治療に関する部分が多く、人事担当者としては扱いづらいが、おおむね３以上に○が付き、主治医と本人が復帰準備を開始しても差し支えないとのことであれば、復帰準備期に進むと判断してよい。

　ただし、その場合に重要なポイントとしては、復帰準備期の前半のうちには懸念点の解消を求めるという点である。しかしながら、忘れられることが少なからずあったので、様式の最後のパートに、確認事項としてまとめている。

療養段階確認シート

社員番号：　　　　　　　　氏名：　　　　　　　　　記入日：

---

0. 前提（「はい」か「いいえ」に1つだけ〇をつける）

1.復帰準備の段階へ進む希望はありますか？	はい ・	いいえ
2.療養の手引き（療養開始時　ご家族用）の内容を確認し、理解しましたか？	はい ・	いいえ
3.復帰準備の段階へ進む事について、ご家族は同意していますか？	はい ・	いいえ
4.復帰準備の段階へ進む事について、主治医は同意していますか？	はい ・	いいえ
5.次の段階へ進む場合、会社で説明を受けますか？	はい ・	いいえ

　　　説明希望日時　　　　第一希望：
　　　　　　　　　　　　　第二希望：

*この段階では、必ずしも会社で説明を受けなくても構いません。その場合は、復帰準備説明書を郵送し、電話で説明します。
ただし、復帰検討に進む際の説明は、会社で実施することを要件としますので、しっかり復帰準備をしてください。

以下、チェックシートです。正直に回答する事で、現在の状態を確認します。

I. 全般的な健康状態（あてはまる項目すべてに〇をつける）

1. （　　）顔色、肌つやが良くなった。声に張りが出てきた。
2. （　　）身体の動きがはやくなり、身体に充実感が出てきた。
3. （　　）おなかがすいて、ご飯がおいしく食べられる。
4. （　　）おなかの調子は安定している。下痢や軟便はない。
5. （　　）すぐに口が渇くことは無くなった。または、以前から口渇が無い。
6. （　　）微熱や風邪のような症状はなく、体調は安定している。
7. （　　）自然に外出することができる。

II. 睡眠のリズム（当てはまる項目すべてに〇をつける）

1. （　　）苦労せず眠りにつける。または、いつの間にか眠っている。
2. （　　）途中で目が覚めるのは1回以下。目覚めても間もなく眠れる。
3. （　　）悪夢を見たり、夢を一晩に何度も見たり、寝汗をかいたりしない。
4. （　　）自然な時間に目が覚め、寝起きもよい。
5. （　　）熟眠感があり、日中の眠気などは無い。

III. 疲れやすさ（あてはまる番号に1つだけ〇をつける）

(1) 見る・読む作業
　1：新聞・雑誌は見たくもない。
　2：新聞・雑誌は目次を見るだけである。
　3：長い記事を読む、または、少なくとも1つの記事を最後まで読む。
　4：新聞記事を通して読める。文庫本を数日で1冊読み上げる。
　5：業務に関する専門書などを集中して読むことができ、おおむね理解できる。

(2) 書く作業
　1：ペン、鉛筆、キーボードにさわりたくない。
　2：転記したり、文書を見ながらキーボード入力したりできる。
　3：短い文章が作れる。
　4：与えられたテーマの作文、メールや返事などが書ける。
　5：長文や、簡単な事務文書の作成ができる。

(3) テレビ
　1：音がうるさく感じる。テレビの前に行かない。スイッチを切る。
　2：テレビがついていれば、何となく見る。
　3：ニュースやバラエティー番組などを見る。
　4：ドラマなどストーリー展開を追いながら見る。
　5：好きな番組を楽しんで見られる。

(4) 趣味
　1：何もしたくない、面白いことは何も無い。
　2：趣味の事を考える。
　3：趣味を少しやってみる。
　4：趣味のために、外出や買い物などの用事を済ませる。
　5：趣味のために、知人などに連絡したり、会ったりできる。

1

(5) 家事
　1：横になっていることがほとんどである。
　2：食器の片付け程度はできる。
　3：自室の片付けや、掃除機がけができる。
　4：浴室など家の掃除をする。せんたくをする。
　5：掃除せんたく、食事の支度に加えて、買い物のために外出する。
(6) 外出
　1：食事やトイレの他はほとんど横になっている。
　2：昼間は起きている時間が多い。入浴はおっくうに感じる。
　3：入浴はほぼ毎日。短時間なら外出もできる。
　4：週に数回は外出ができるが、人混みなどは疲れる。
　5：午前中から外出ができる。疲れて寝てしまうことも無い。

IV. 日常生活での対人関係（あてはまる番号に1つだけ〇をつける）

(7) 近隣への外出
　1：外出できない。
　2：夜間、近くのコンビニなどに外出できる。
　3：昼間でも外出ができる。
　4：隣人とのあいさつや立ち話などもできる。
(8) 近隣とのつきあい
　1：近所の人と顔をあわせたくない。
　2：近所の人にあっても、隠れたり避けたりしないでいられる。
　3：近所の人とあいさつや立ち話程度ならできる。
　4：近所の会合に出席できる。
(9) 子供の相手
　1：子供がうるさいと感じる。
　2：子供と一緒にいられる。
　3：子供と、屋内で短時間なら相手ができる。
　4：子供の比較的長時間相手ができる。外で遊べる。
(10) 親族との関係
　1：同居家族以外、誰とも会いたくない。
　2：電話なら、同居以外の親族とも対応できる。
　3：同居以外の親族の来訪に対応できる。
　4：同居以外の親族を訪問できる（特に配偶者の親族の家）。
(11) 職場以外の人との関係
　1：電話に出たくない。電話のベル音に恐怖心がある。
　2：電話に出て、職場以外の知人とは話すことができる。
　3：職場以外の知人がたずねてきたら、会うことはできる。
　4：職場以外の知人と外で会うことができる。

V. 職場関係のこと（あてはまる番号に1つだけ〇をつける）

(12) 職場の情報
　1：職場に関することを聞くことが恐怖である。
　2：家族となら職場の話もできる。
　3：職場からの郵便や文書を処理できる。
　4：職場の近くまで行ける。
(13) 職場関係者との対人関係
　1：職場からの電話に出たくない。
　2：職場からの電話に対応できるが、少し疲れる。
　3：職場からの電話に自然に対応できる。
　4：上司や人事担当者とも対応できる。気分も安定しており、疲れすぎることも無い。
(14) 通勤
　1：外出はできるが、会社には行けない。
　2：誰かについてもらってなら、会社まで行ける。
　3：会社にはいけるが、いつもの交通手段や、定時には無理である。
　4：いつもの交通手段で、定時に出勤できる。

2

VI. 病気の理解と自己管理（あてはまる番号に1つだけ〇をつける）

(15) 悲観的な考え
　1：死にたい気持ちがあり、自殺について具体的に考える事がある。
　2：普段は死にたいと思わないが、頭のすみに自殺についての考えが残っている。
　3：自殺を考えたことを思い出すことはあるが、周囲へ迷惑になるし、解決の手段になるとも思わない。
　4：死は解決にならず、自殺については考えない。今後そんな考えが浮かんだら専門家に相談したい。

(16) 症状に関する理解
　1：症状のことはあまり分からない。
　2：眠れなかったり、気持ちがふさいだり、仕事に差しつかえる症状がある。
　3：薬を飲むなどの治療が必要だと思う。
　4：性格や仕事のやり方を変えていかないと再発すると思う。

(17) 病気に関連する要因の理解
　1：生活上や、仕事のストレスが病気に関連しているとは思わない。
　2：病気になる前に、生活上や、仕事のストレスがあったと思う。
　3：1に加えて、自分の仕事のやり方や、対人関係の持ち方なども病気に関連したと思う。
　4：2に加えて、再発予防のための具体的な対策を考えている。

(18) ストレス対策
　1：ストレスへの対処法はよくわからない。
　2：いくつか、ストレスの対処法を知っている。
　3：本などで学んで知っている。
　4：講演会やセミナー、カウンセリングなどで学び、実行している。

(19) 服薬
　1：飲み忘れたり、自己判断で量を加減したり、飲まなかったりすることがある。
　2：主治医や家族に言われて、服用している。
　3：飲み忘れは月に数回以下。薬を飲むことの重要性を認識している。
　4：服薬を継続することの必要性を理解しており、飲み忘れることもほとんど無い。

(20) 通院
　1：病院には行きたくない。
　2：家族にうながされて、しぶしぶ受診している。
　3：自分から受診するが、主治医とあまりよく相談できているわけではない。
　4：定期的に受診し、必要なときには臨時で受診、相談している。

(21) 生活記録表と出社にむけたリズム作り
　1：生活記録表を付けられない、付け忘れることが多い。
　2：生活記録表を付けているが、睡眠のリズムが整わない。定時出社できる時刻に起きられない。
　3：生活記録表を付けており、週に数回は外出できるようになっている。
　4：生活記録表を付けており、月～金まで定時勤務できることを目指した出社練習をしている。

出典：「厚生労働科学研究　標準化リワーク評価シート」改変

【療養専念期】における質問はこれで終わりです。　人事課まで提出（郵送又は来社）してください。

■以下の, 結果の判断は本人との面談又は電話での説明の時に開示することとする。

・I, IIの質問であまり〇がつかない, あるいはIII～VIの質問で1に〇がついたり, 2が複数ある場合は, 【復帰準備期】へ進むにはもう少し回復が必要です。

・ほとんど全てが3か4, 5に〇がつく場合は,【復帰準備期】へ進む状態です。

（人事課の判断）　　療養期を継続　・　準備期へ進む

＊（人事課）準備期に進むと判断したが、多少の懸念点が残っている場合は以下の点について説明する。
□復帰検討期に進む前に、あらためて当該懸念点について再度確認すること。
□復帰準備期に進んだものの、療養経過が思わしくない場合には、人事課に連絡のうえ、療養専念期に戻って構わないこと。

3

第三章のまとめ

　高尾メソッドでは、「業務的健康管理」に基づく理論的な整理と、「手順と様式」による標準的な運用を用意している。これに対するよくある質問とその回答をもって、本章を締めくくりたい。

　質問：従業員に対して、厳しすぎるのでは？

　回答：そもそも従来型の手法が、
　　　　　従業員に対して優しかったのだろうか。

　ここまでの説明を受けて、特に医療職を中心によくある反応が、「厳しすぎる」というものである。だが、果たしてそうだろうか。私たちのもとに、「問題社員」案件として相談が寄せられるケースは、次のように切羽詰まったものが多い。

　「休職復職を繰り返し、本人はほとんど業務をしていない状況。フォローする周囲の同僚や上司はかなり疲弊していて、退職者も出てきている。**人事としては当該従業員の雇用を終了することを検討せざるをえない状況である**」。この対応がどのくらい残酷なことかはいうまでもない。本人の立場からすれば、「休職復職を繰り返すもなかなか病状が良くならず、苦しい状況の中で、会社から解雇されそうになっている」ということにほかならない。従来型対応は、当初は一見優しく見える本人に寄り添った対応だが、結局、後になると理不尽な、本人にとっては相当過酷な結末を生み出しているといえる。

　一方で、高尾メソッドを導入するとどうなるだろうか。上述のケースにおいても、休職復職を繰り返す前の段階で、十分な療養期間と

万全の復帰判定を行っていれば、再発する可能性はもっと低くできただろう。しかも、復帰した以上は、建前上は職位相当の業務遂行ができる状態にまで回復している（はずである）。確かに、対応そのものやその考え方は一見ドライに見えるが、一方で理にかなった対応であり、しかも復帰後も会社の期待に応えて働くことができる手法である。

　むしろ、上述のケースの「問題社員」も、初めから「問題」があったわけではないだろう。少なくとも入社時点では、誠実であり一定程度の職務遂行能力も見込まれていたはずである（もし初めから「問題」のある従業員だとしたら、それは採用プロセスの問題である）。それが**時期尚早の復帰に端を発して休職を繰り返すようになり、場当たり的な対応の過程で本人が望ましくない学習をしたことにより、「問題」のある従業員を生み出してしまったに過ぎない。そのように考えると、この従業員もまた、従来型対応の犠牲者ともいえる。**

　また、**私たちの主眼は、当該従業員個人ではなく会社としての従業員集団全体に置いている。**休職しているわけではない、就業中の他の従業員に対して、高尾メソッドの説明をすると、どのような反応があると想像されるだろうか。確かに「優しい対応だ」という反応こそないものの、一方で「厳しすぎる」という反応もない。要するに「当たり前のことをいっているに過ぎない」と、適切に捉えられるのである。

　直感的な反発に対して、いかに手を尽くしても解消は難しいかもしれないが、このように様々な視点から考えても、高尾メソッドが厳しすぎるという批判には当たらないと考えている。

おわりに

　職場のメンタルヘルス対応は難しいといわれる。
　弁護士の私としても、同感であった。

　難しい要因はどこにあるのだろうか。
　ひとつは、法的な論点の多さであろう。一般的な文献をみても、「休職発令時の問題」、「休職期間中の問題」、「休職期間満了前の問題」、「休職期間満了時の問題」、「復職後の対応」など項目は多岐にわたり、それぞれについて論点が存在し、それらを組み合わせた裁判例の数は膨大なものになる。だがこの要因は、人事担当者が職場で実際に感じている難しさとは、おそらく異なる。
　根本的な要因は、「人事担当者や上司には当該従業員の性格・資質を把握し、精神を快復させねばならない義務がある」かのように捉えられていることにあるのではないだろうか。このように捉えてしまうと、会社側が採る対応は、担当者や上司の知識・スキルに高度に依存するうえ、最終的にその従業員にとって正しい対応だったかどうかは、従業員本人にしか分からないということになってしまう。
　本書を読んだ後であれば、この捉え方が「治療」に向けられた医療的アプローチであり、「疾病性」の改善を目指す試みであったことが分かるだろう。メンタルヘルス対応を難しいと感じさせる要因は、まさにこの医療的アプローチにあったと考える。

　さて、高尾メソッドをツールとしてみたとき、有益な効果が複数ある。
　まず、上記の法的な論点について、いずれも一貫した視点からクリアしていくことが可能となる。なぜならこのメソッドは、単なるテクニックではなく、第三章で紹介したような理論的な基礎からなる原則を有し、その原則から導かれた論理的な結論を現場に当てはめるものだからである。
　しかしより重要なことは、本メソッドにより、会社が会社としての考えを自ら組み立て、自分で対応を決め実行できるようになることである。これはいうなれば、人事部というハードウェアに、現場レベルで適用できる

ソフトウェアを導入するということだ。

これまで、実際に事案を動かしていかなければならない人事担当者は何を参考にして対応を決めてきただろうか。

顧問社労士・弁護士に相談することもあるだろうが、その前にまず自分で文献にあたるだろう。しかし、メンタルヘルスに関する文献は、たとえそれが弁護士が書いたものであっても（いや自戒を込めていえば、弁護士が書いたものであればあるほど）、「○○することも検討に値する」「○○も推奨される」という、距離をおいた表現になっている。結果として、文献の記載と現実の対応（例えば面談の仕方、出席者、発言内容など）とに大きな隔たりが生じてしまい、人事担当者には、その隔たりを埋めるための時間的余裕が十分には与えられてこなかったというのが、これまでの現場だったのではないだろうか。

だが本書を読めば、人事担当者が，面接シナリオ作成を通じて会社としての一貫した対応を確立することができる。結果として、人事担当者の精神的な負担も相当に軽減されるはずである。

最後に、本書をお読みいただければ分かるとおり、本メソッドは**「会社が裁判に負けないこと」**を目的に開発されたものではない。

これまでのメンタルヘルス事案では、一貫しない会社側の姿勢が従業員に不信感を与えたり、療養に対して中途半端にコミットしたために、本来は復職できたはずの従業員なのに復職に至らなかったり、あるいは復職後早期に再療養に至ってしまったという残念なケースも多かった。本メソッドは、そのようなケースに至った原因である医療的アプローチを回避することで、**真に「従業員が復職する」ことを目指すものである**。本書の目玉である面接シナリオの「シナリオ」という語句には、復職に向けた明確なロードマップを会社全体で考えるという意味も含まれているのである。

職場のメンタルヘルス対応は難しいといわれる。
確かにそうだ。

だが、医療的な視点をいったん脇におき、労働契約の基本に立ち返り、会社が果たすべき課題と本人自身が果たすべき課題とを分離して、前者に

注力すればどうだろうか。

　本書は、唯一絶対の「解」を示すものではない。

　しかし、複雑化する現代の人事労務の現場に、一つの「解」を提示することそれ自体に重要な意義があると考えている。

　本書が、メンタルヘルス対応に悩む全ての人の役に立てば幸いである。

著者を代表して

弁護士　前園健司

著者プロフィール

高尾　総司（たかお　そうし）

【略歴】

　　岡山大学大学院医歯薬学総合研究科　疫学・衛生学　准教授

　　産業医グループ代表

　　岡山大学医学部卒業。労働衛生コンサルタント（保健衛生）、第二種作業環境測定士。

　　嘱託産業医として、のべ 20 社以上の経験を持ち、特にリスクマネジメントの観点から再構築した職場の健康管理方法は、健康診断事後措置、過重労働対策、メンタル対策を問わず、共通して運用することができ、人事担当者には理解しやすいと好評。約 10 名の産業医の指導にもあたり、産業医活動の標準化に取り組んでいる。研究テーマは、職場の人間関係（ソーシャル・キャピタル）と健康との関係であり、実務に活かすことが次なる課題である。

【著訳書】

　　「健康管理は社員自身にやらせなさい」（保健文化社、2014 年刊）

　　「ソーシャル・キャピタルと健康政策」（日本評論社、2013 年刊）

森　悠太（もり　ゆうた）

【略歴】

　　株式会社 Office d'Azur 代表取締役

　　麻の葉経営コンサルタント　社会保険労務士・中小企業診断士

　　上智大学総合人間科学部教育学科卒業。 大手化学メーカー等で人事労務に携わり、平成 28 年より社会保険労務士として登録。

　　「業務遂行レベルに基づくメンタルヘルス対応」の考え方に基づいた支援を実施。

　　特に制度面での導入支援や、事例の具体的な対応支援など、運用・実務面での支援を中心に活動している。

前園　健司（まえぞの　けんじ）

【略歴】

河野・野田部法律事務所

弁護士

大阪市立大学法学部卒業、京都大学法科大学院修了。経営法曹会議会員。

北浜法律事務所・外国法共同事業（大阪）にて執務後、河野・野田部法律事務所（福岡県弁護士会）に移籍。訴訟等の法的手続の代理、個別的労働関係紛争・団体的労使紛争への助言・代理、労務デューデリジェンス、ハラスメントに係る第三者委員会業務等に従事している。福岡では、九州・福岡健康経営推進協議会の教育事業担当支援者（労働法）に就任する等、労務が関わる分野で幅広く活動している。

●ポッドキャスト・オンラインサロンのご紹介

著者3人で、業務的健康管理に関する情報を定期的に配信する、無料のポッドキャストと有料のオンラインサロンを運営しています。

ポッドキャスト｜復職名人が読む三手先

https://anchor.fm/fukushoku-meijin

オンラインサロン｜ il Centro della Salute

https://community.camp-fire.jp/projects/view/307210

本書を読んで、業務的健康管理やメンタルヘルス対応に関する知識をさらに深めたいと思われた方は、ぜひご確認ください。

※本書内でとりあげた面接シナリオと、主要様式については、
https://www.rodo.co.jp/download/1622.zip からダウンロードできます。

ケーススタディ

面接シナリオによるメンタルヘルス対応の実務

著　　者　産業医　高尾 総司　　社会保険労務士　森 悠太
　　　　　弁護士　前園 健司

2020 年 9 月 1 日　　　　初版
2022 年 12 月 12 日　　　初版第 3 刷

発 行 所　株式会社労働新聞社
　　　　　〒 173-0022 東京都板橋区仲町 29 － 9
　　　　　TEL：03（3956）3151　FAX：03（3956）1611
　　　　　https://www.rodo.co.jp　　　　pub@rodo.co.jp

印　　刷　モリモト印刷株式会社

表　　紙　尾﨑 篤史

ISBN978-4-89761-827-2

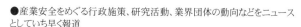